Georg Bohrmann

Spinozas Stellung zur Religion

Verlag
der
Wissenschaften

Georg Bohrmann

Spinozas Stellung zur Religion

ISBN/EAN: 9783957005342

Auflage: 1

Erscheinungsjahr: 2015

Erscheinungsort: Norderstedt, Deutschland

Hergestellt in Europa, USA, Kanada, Australien, Japan
Verlag der Wissenschaften in Hansebooks GmbH, Norderstedt

Cover: Sandro Botticelli "Die Verleumdung des Apelles" (1495)

Die Studien zur Geschichte des neueren Protestantismus

wollen in zwangloser Folge Untersuchungen zur Entwicklung der protestantischen Theologie und Kirche innerhalb der modernen Welt darbieten. Sie wollen dadurch das Interesse für eine von der Forschung bisher vernachlässigte Epoche der Kirchengeschichte wachrufen helfen. Ganz besonders bedarf die so vielfach unterschätzte Aufklärung, die den neueren Protestantismus vom älteren scheidet, einer gründlichen Bearbeitung.

Die Studien sollen sich aber nicht auf die Aufklärung beschränken. Sie wollen alle Erscheinungen ins Auge fassen, durch welche die moderne Lage im Protestantismus bedingt ist, also neben der Aufklärung im weitesten Sinne vor allem den Pietismus, die Romantik, den deutschen Idealismus, die Erweckung und die Reaktion des 19. Jahrhunderts. Auch Außerkirchliches soll berücksichtigt werden, da ja die neuere theologische Entwicklung durch die Wandlungen der Gesamtkultur und besonders der Philosophie stark beeinflußt ist. Nur die jüngste Zeit bleibt ausgeschlossen, weil deren streng geschichtliche Behandlung noch nicht möglich ist.

Es sollen problemgeschichtl. Untersuchungen, Biographien führender Theologen, Darstellungen der Entwicklung der wissenschaftlichen Theologie, der Frömmigkeit und der kirchlichen Institutionen gebracht werden. Daneben erscheinen Quellenhefte.

Heft 1. Prof. Lic. Horst Stephan: Luther in den Wandlungen seiner Kirche. IV, 136 S. 1907. M. 2.60; geb. M. 3.50

Heft 2. Priv.-Doz. Lic. Karl Bornhausen: Die Ethik Pascals. VIII, 171 S. 1907. M. 4.–

Heft 3. Priv.-Doz. Lic. Hermann Mulert: Schleiermacher-Studien. I. Teil: Schleiermachers geschichtsphilosophische Ansichten in ihrer Bedeutung für seine Theologie. VIII, 92 S. 1907. M. 2.50

Heft 4. Geh. Kirchenrat Prof. D. Joh. Bauer: Schleiermacher als patriotischer Prediger. Ein Beitrag zur Geschichte der nationalen Erhebung vor 100 Jahren. XII, 364 S. 1908. M. 10.–; geb. M. 11.–

Heft 5. Pfarrer Walter Wendland: Die Religiosität und die kirchenpolitischen Grundsätze Friedrich Wilhelms des Dritten in ihrer Bedeutung für die Geschichte der kirchlichen Restauration. VII, 188 S. 1909. M. 5.–

Heft 6. Pfarrer Dr. Karl Aner: Der Aufklärer Friedrich Nicolai. IV, 196 S. 1912. M. 6.–

Heft 7. Prof. D. Dr. Martin Schian: Orthodoxie und Pietismus im Kampf um die Predigt. Ein Beitrag zur Geschichte des endenden 17. und des beginnenden 18. Jahrhunderts. VII, 185 S. 1912. M. 4.80

Heft 8. Kaiserl. Botschaftsprediger D. Dr. Ernst Schubert: Die evangelische Predigt im Revolutionsjahr 1848. Ein Beitrag zur Geschichte der Predigt wie zum Problem der Zeitpredigt. III, 180 S. 1913. M. 4.80

Als weitere Hefte der Studien sollen erscheinen:

Vernunft und Offenbarung in der deutschen Aufklärungstheologie. Von Professor Lic. Dr. Heinrich Hoffmann.

Kants Einfluß auf die Theologie. Von D. Dr. Paul Kalweit, Stadtsuperintendent in Danzig.

Die Geschichtsschreibung der Aufklärungszeit. Von Lic. Dr. Karl Völker, Priv.-Doz. in Wien.

Der Einfluß des Pietismus auf die Kirchlichkeit. Von Lic. Johannes Witte, Missionsinspektor in Berlin.

Kirchenlied und Gesangbuch in der Zeit der deutschen Aufklärung. – Rationalistische Liedertexte. Von Prof. Lic. Leopold Zscharnack.

Verzeichnis der Quellenhefte s. 3. Umschlagseite!

Spinozas Stellung zur Religion

Eine Untersuchung
auf der Grundlage des theologisch-politischen Traktats

Nebst einem Anhang:
Spinoza in England (1670 – 1750)

Von

Dr. Georg Bohrmann
Berlin

Verlag von Alfred Töpelmann
vormals J. Ricker ∴ Gießen ∴ 1914

Studien
ur Geschichte des neueren Protestantismus
herausgegeben von
ic. Dr. Heinrich Hoffmann und Prof. Lic. Leopold Zscharnack
ord. Professor an der Universität Bern — Privatdozent an der Universität Berlin
9. Heft

Spinozas Stellung zur Religion

Eine Untersuchung
auf der Grundlage des theologisch-politischen Traktats

Nebst einem Anhang:
Spinoza in England (1670 – 1750)

Von
Dr. Georg Bohrmann
Berlin

Verlag von Alfred Töpelmann
vormals J. Ricker ∴ Gießen ∴ 1914

Studien zur Geschichte des neueren Protestantismus

herausgegeben von

Lic. Dr. Heinrich Hoffmann und Prof. Lic. Leopold Zscharnack
ord. Professor an der Universität Bern Privatdozent an der Universität Berlin

9. Heft

Inhaltsverzeichnis

Abkürzungen

Freudenthal Lg. = J. Freudenthal, Die Lebensgeschichte Spinozas, Leipzig 1899.
Freudenthal Sp. = J. Freudenthal, Spinozá, Bd. I, Stuttgart 1904.
Pollock = Fred. Pollock, Spinoza, his life and philosophy. Second edition, London 1899.
VL. = Benedicti de Spinoza opera ed. I. van Vloten et I. P. N. Land, Hagae Comitum 1882—83.

Den theologisch-politischen Traktat zitiere ich nach der bequemen Ausgabe von C. H. Bruder. Die Übersetzung der Belegstellen aus Spinozas Schriften wird nach den Verdeutschungen der Philosophischen Bibliothek gegeben. Die Übersetzung der Briefe schließt sich an Sterns Ausgabe an.

I.

Prolegomena zum Verständnis des theologisch-politischen Traktats.

Die Frage nach Spinozas Stellung zur (Offenbarungs-)Religion gehört mit zu den schwierigsten und meist umstrittenen Problemen der Spinozaforschung. Man könnte geneigt sein, Spinoza selbst die Schuld an dem Streit der Meinungen zuzuschreiben; scheint es doch, als ob gerade an diesem Punkt eine unerträgliche Diskrepanz in seinem Denken bestünde. Auf der einen Seite ist er der naturalistische Pantheist, der keine Offenbarung kennt, es sei denn die sich im Geist des Menschen kundtuende; so in der Korte Verhandeling und der Ethik. Auch in den Briefen spricht der Philosoph zu uns, der die Ethik geschrieben hat; daneben aber finden sich, wie wir sehen werden, des öfteren Stellen, in denen er von der Bibel und ihrem Inhalt mit einem Ernst und einer Achtung handelt, die sich mit seinen philosophischen Anschauungen nicht gut vereinigen lassen wollen. Und wie steht es im theologisch-politischen Traktat? Es ist klar, daß unser Problem vornehmlich im Zusammenhang mit dieser Schrift untersucht und gelöst werden muß; sie ist die einzige, in der er es ex professo behandelt.

Die Frage ist denn auch in allen möglichen Variationen aufgetaucht und beantwortet worden. Bald sah man in Spinoza den Propheten des Atheismus, der diese Lehre im Traktat „mit verdeckten und geschminkten Argumenten" vortrage;[1]) bald erklärte man ihn für einen Heuchler[2]) und behauptete, er lege während des ganzen Traktats die allerdings ziemlich durchsichtige Offenbarungsmaske nicht ab;[3]) andere wieder hielten ihn für einen guten Christenmenschen, der innerlich dem Christentum angehört habe, ohne sich jedoch öffentlich dazu zu bekennen[4]) — eine Auf-

[1]) ep. 42; VL. II, S. 169. In gleichem Sinne urteilt u. a. auch Philipp van Limborch über den Traktat (s. Freudenthal Lg., S. 193).

[2]) A. van der Linde, Spinoza, seine Lehre und deren erste Nachwirkungen in Holland, Göttingen 1862, S. 111.

[3]) Joël, Spinozas Theologisch-Politischer Traktat auf seine Quellen geprüft, Breslau 1870, S. 6.

[4]) Ad. Menzel in seinem Aufsatz: Spinoza und die Collegianten, im Archiv für Geschichte der Philosophie XV, 1902, S. 277—298, und C. B. Hylkema: Reformateurs, Bd. II, Haarlem 1902, S. 473 f.

fassung, der neuerdings von berufener Seite entschieden widersprochen worden ist;[1]) und der bedeutendste Spinozaforscher Englands, F. Pollock, begnügt sich damit, die Dissonanzen zwischen Traktat und Ethik hervorzuheben, ohne eine bündige Entscheidung in dieser Frage zu treffen.[2]) Gibt es aus diesem bunten und zum Teil recht widerspruchsvollen Wirrwarr der Meinungen überhaupt einen befriedigenden Ausweg?

Die Beantwortung unseres Problems würde um ein Bedeutendes erleichtert werden, wenn wir eine einheitliche Überlieferung über Spinozas persönliche Stellung zum Christentum hätten. Leider läßt uns aber die Tradition so gut wie ganz im Stich. Ist sie schon an sich naturgemäß nur von sekundärer Bedeutung, so wird sie vollends dadurch illusorisch, daß sie in sich durchaus widerspruchsvoll ist. Doch lassen wir zunächst die Quellen selbst zu Worte kommen.

In dem berühmten Pamphlet „De tribus impostoribus" von Chr. Kortholt, Kiloni 1680, heißt es von Spinoza (S. 139–40): „vir initio Judaeus, sed postea, ob portentosas de ipso etiam Judaismo opiniones ἀποσυνάγωγος, atque sic tandem, nescio quibus artibus et fraudibus, inter Christianos nomen professus." Das Buch erlebte eine zweite Auflage (Hamburgi 1700), in deren Vorrede uns der Sohn Seb. Kortholt zu erzählen weiß: „Se tamen professus est Christianum, et vel Reformatorum vel Lutheranorum coetibus non modo ipse adfuit, sed et aliis auctor saepenumero et hortator extitit, ut templa frequentarent, domesticisque verbi quosdam divini praecones maximopere commendavit."[3]) In H. L. Benthems Holländischem Kirch- und Schulen-Staat, Frankfurt 1698, findet sich die Stelle: „Viel schlimmer war der Amsterdammer Spinosa, ob er wol die Synagoge verließ und ein Christ ward" (II, S. 350); und Gottfried Arnold berichtet in seiner Unparteyischen Kirchen- und Ketzer-Historie (Frankfurt 1699, S. 611) von Spinoza: „Er war ein gebohrner Jude, und hatte in seiner jugend aus natürlicher begierde etwas zu wissen, sich gar sehr in den büchern umgesehen, auch seinen Rabbinen so viel händel gemacht, daß sie ihn von sich ausgestossen hatten. Hierauff gab er sich bey den Christen an, und weil denen, welche ihn auffnahmen, der Geist der prüfung mangeln mochte, wurde er von ihnen getaufft und vor einen Christen gehalten." Daß die Kunde von Spinozas vermeintlichem Übertritt zum Christentum auch in Frankreich bekannt war, zeigt Bayles Dictionaire (1702, S. 2783): „Je viens d'aprendre une chose assez curieuse, c'est que depuis qu'il eut renoncé à la profession du Judaïsme, il professa ouver-

[1]) Freudenthal Sp., S. 168 ff.
[2]) Pollock, S. 338 f.
[3]) Abgedruckt bei Freudenthal Lg., S. 27.

tement l'Evangile et frequenta les assemblées des Mennonites ou celles des Arminiens d'Amsterdam. Il aprouva même une confession de foi qu'un de ses intimes amis lui communiqua."[1])

Dieser Überlieferung steht eine ganze Reihe zeitgenössischer Nachrichten entgegen. In seiner 1673 zu Köln erschienenen Schrift „La religion des Hollandais" erklärt Stouppe über Spinoza kurz und bündig: „Il n'a point abjuré la Religion des Juifs, ni embrassé la Religion Chrétienne."[2]) Die zweite Hälfte dieser Nachricht bestätigt Jean Brun in seiner Schrift „La veritable religion des Hollandais", Amsterdam 1675. Nachdem zunächst die Behauptung Stouppes, daß sich Spinoza nicht vom Judentum getrennt habe, als Irrtum zurückgewiesen wird, heißt es bei ihm: „Il est vrai qu'il ne fait pas profession d'aucune autre (sc. religion), et il semble estre fort indifferent pour les Religions, si Dieu ne lui touche le cœur."[3]) Joh. Chr. Sturm, Dissert. de Cartesianis etc., Altdorffi, 31. März 1677, weiß von Spinoza zu berichten: „hominem istum (ut ex relatione fide dignorum hominum, imo ex ipsius ore habemus) Judaeis parentibus Amstelodami natum, ob causam ridiculam de religione avita dubium primum, dein e Synagoga transfugam, Christianae tamen religioni postea fidem nunquam aut nomen dedisse."[4]) Der Vollständigkeit wegen sei auch eine Stelle aus Fr. Kettner, Dissert. de duobus impostoribus, Lipsiae 8. Sept. 1694, angeführt: „Postquam vero ob ciborum prohibitorum usum in Synagoga nudato corpore flagellis caederetur,[5]) aegre hoc ferens inter Christianos nomen professus est, sed mox illum facti poenituit et nulli plane religioni se addixit."[6]) Dann erfahren wir in einer alten Reisebeschreibung, die im Jahre 1704 erschienen ist, aus dem Munde eines holländischen Gelehrten: „Daß sey gewiß, Spinosam nunquam fuisse Christianum, sed Judaeum . . .";[7]) und in der bekannten Spinozabiographie des Colerus (Amsterdam 1705) lesen wir: „Er hat das Christen-

[1]) Freudenthal Lg., S. 32. Über den Inhalt dieses Glaubensbekenntnisses (von Spinozas Freund Jarig Jelles) s. Freudenthal Sp., S. 92 f. Daß sich Spinoza für das Bekenntnis ausgesprochen haben soll, wie Bayle will, wird durch eine ganz anderslautende Mitteilung des jüngeren Rieuwertsz (des Sohnes von Spinozas Freund und Verleger) im höchsten Grade unwahrscheinlich gemacht. Siehe den Bericht bei Freudenthal Lg., S. 231 und Freudenthals Bemerkungen hierzu auf S. 303.

[2]) Freudenthal Lg., S. 195.

[3]) Ebenda S. 199.

[4]) Ebenda S. 204.

[5]) Was Kettner von der Bestrafung Spinozas zu erzählen weiß, beruht wohl (wie Freudenthal Lg., S. 299 vermutet) auf einer Verwechselung desselben mit Uriel da Costa.

[6]) Freudenthal Lg., S. 217. [7]) Ebenda S. 229.

tum niemals angenommen, nie die heilige Taufe empfangen und keiner bestimmten Religionspartei sich angeschlossen. Nur daß er nach seiner Abwendung vom Judentum viel mit einigen gelehrten Mennoniten verkehrte, doch auch mit Anhängern anderer religiösen Bekenntnisse.[1])

Soweit die Tradition. Wir können mit ihr, wie gesagt, wegen ihres widerspruchsvollen Charakters zunächst wenig anfangen. Anstatt daß sie uns einen festen Halt gäbe, bedürfen wir umgekehrt erst eines sicheren principium divisionis, das uns ermöglicht, die Spreu vom Weizen zu sondern und den historischen Kern aus der Überlieferung herauszuschälen. Unsere Aufgabe wird also darin bestehen, dies Prinzip, oder mit anderen Worten, die grundlegende Auffassung von Spinozas Stellung zur Offenbarungsreligion aus dem theologisch-politischen Traktat zu erarbeiten und unser Ergebnis mit allen übrigen Lebensäußerungen des Denkers zu einem Gesamtbild zu vereinigen. Mit diesem Ziel ist der Weg unserer Arbeit vorgezeichnet. Es wird sich für uns zunächst und vor allem darum handeln, eine möglichst erschöpfende und dem Inhalt gerecht werdende Erklärung und Analyse des theologisch-politischen Traktats, namentlich seines theologischen Teiles zu geben. Mit oberflächlichen Eindrücken, von denen sich die meisten der oben genannten Kritiker haben leiten lassen, ist es nicht getan; hier kann nur eingehendes Sichversenken zum Ziel führen. Ist doch der theologisch-politische Traktat diejenige unter den Schriften Spinozas, die einer befriedigenden und restlos aufgehenden Exegese noch immer die größten Schwierigkeiten bereitet. Diese beruhen in einem Doppelten. Einmal besteht auf den ersten Blick eine unverkennbare Diskrepanz zwischen dem Traktat und den philosophischen Schriften Spinozas. Kommt man von der Ethik, so hat man bei der Lektüre des Traktats den Eindruck, daß hier ein anderer Spinoza spricht. Gewiß verleugnet sich die philosophische Diktion und der Geist der Ethik nicht ganz, aber beides kommt nur mehr gelegentlich, man möchte meinen, fast störend, zum Durchbruch. Denn im ganzen ist der Gehalt und die Ausdrucksweise im Traktat biblisch-theologisch. Auf der andern Seite enthält der Traktat selbst so viel Unausgeglichenheiten, scheinbare oder wirkliche Widersprüche, Dunkelheiten und diplomatisch-verhüllende Kunst des Ausdrucks, daß er schon für sich genommen ein Problem bedeutet. Man kann im Lichte dieses komplizierten Tatbestandes geradezu von einem literarischen Rätsel dieses eigenartigen und überaus schwer faßbaren Werkes reden.

Indem wir uns in diesen einleitenden Bemerkungen nur mit der allgemeinen Exegese, dem Aufbau und dem Ziel des Traktats beschäftigen, müssen wir zunächst auf die Arbeiten von J. Freudenthal

[1]) Freudenthal Lg., S. 40.

zurückgreifen, der in seiner mit liebevoller Sorgfalt und gründlicher Gelehrsamkeit geschriebenen Spinozabiographie zum erstenmal in umfassender Weise dieses Problem behandelt und neue Richtlinien zur Lösung vorgezeichnet hat (Freudenthal Sp., Kap. VII). Der Traktat ist nicht, wie die Ethik, sub quadam specie aeternitatis geschrieben; er ist politische Tendenzschrift: das ist der große Fortschritt, den seine eingehenden Untersuchungen erbracht haben.[1]) Hatte man früher in Spinoza nur den stillen Denker gesehen, der fern von dem verwirrenden Lärm des Alltagsgetriebes in seinem Kämmerlein ewige Gedanken dachte, so hat sich diese Vorstellung nachgerade als Legende mit nur beschränktem historischen Wahrheitsgehalt erwiesen. Gewiß ist Spinoza der Philosoph, der in der einsamen Höhe seiner abstrakten Gedankenwelt lebte; damit ist aber seine Art nur teilweise erschöpft. Er war Gegenwartsmensch wie die anderen. Er lebte in seiner Zeit und verfolgte ihre Entwicklung mit Interesse und Verständnis wie nur einer. Die großen inneren Kämpfe, die sein Vaterland erschütterten, sind nicht spurlos an ihm vorüber gegangen, konnten es auch nicht; denn jahrelang lebte er in enger Freundschaft mit dem Mann, der das Staatsschiff durch die Fährnisse und Klippen dieser Kämpfe, die zwischen Staat und Kirche entbrannt waren, mit sicherer Hand hindurchsteuerte, Jan de Witt. Und Spinoza begnügte sich nicht damit, seinen Freund mit Rat zu unterstützen, er griff vielmehr selbst in diesen Kampf ein und setzte sich mit jenen Mächten auseinander, die unter dem Deckmantel der Religion Kirche und Staat zum Tummelplatz ihres machtlüsternen Glaubensfanatismus zu degradieren suchten. So entstand der theologisch-politische Traktat. Er ist Tendenzschrift, er will auf die Gegenwart wirken. Er hat also die religiösen und politischen Verhältnisse seiner Zeit zur Voraussetzung. Es ist daher nötig, wenigstens mit einigen Worten auf den zeitgeschichtlichen Hintergrund einzugehen. Wir folgen hierin der ausgezeichneten Darstellung Freudenthals.

Der Kampf zwischen Staat und Kirche kam in den Niederlanden zum offnen Ausbruch, als Jan de Witt als Ratspensionär von Holland die Regierung antrat. Seine rücksichtslosen und unerbittlichen Gegner waren die fanatischen Prädikanten der reformierten Kirche. Sie fühlten sich durch theologische und politische Überzeugung von der herrschenden Regentenpartei und ihrem Haupt de Witt geschieden; sie waren orthodox und oranisch. Beides war für sie eins, seitdem Moritz von Nassau sich dem orthodoxen Calvinismus verschrieben hatte. Die Waffen des Wortes

[1]) Freudenthal ist hierin den Anregungen gefolgt, die der holländische Spinozaforscher W. Meijer in seinem Aufsatz: „Spinozas demokratische Gesinnung und sein Verhältnis zum Christentum" gegeben hat (Archiv für Geschichte der Philosophie XVI, 1903, S. 455—485).

und der Feder mußten herhalten, um die freigesinnte Regierung des großen Staatsmannes als gottlos und geradezu staatsgefährlich hinzustellen; eine Heimsuchung des Landes durch die Pest und schwere Niederlagen im Kampf gegen die Engländer wurden als Gotteszeichen gegen ihn ausgebeutet. Die Leidenschaft des Pöbels wuchs, geschürt durch die unermüdliche Hetzarbeit der kampfeslustigen Theologen; die Machtstellung Jan de Witts geriet ins Wanken, Unduldsamkeit und frommer Unverstand schienen zu triumphieren. Da unternahmen es in den sechziger Jahren Männer des freien Denkens, literarisch für die Politik des Großpensionärs einzutreten; und er selbst scheute sich nicht, zur Feder zu greifen, um die öffentliche Meinung in seinem Sinne zu beeinflussen. Die Tendenz dieser Schriften war überall die gleiche. Drei Thesen galt es mit aller Macht zu verfechten: der Staat ist unabhängig von kirchlicher Autorität; die Geistlichen hingegen müssen Diener des Staates sein; im Interesse des Staates ist Toleranz unbedingt nötig. Diese drei Sätze waren das Schibboleth derer um de Witt.

In die Zeit dieses Kampfes zwischen Staat und Kirche fällt die Konzeption des theologisch-politischen Traktats (1665; s. ep. 29 und 30). Die Ethik bleibt auffallenderweise unmittelbar vor ihrer Vollendung liegen; der Traktat wird in Angriff genommen. Es kann keinem Zweifel unterliegen, daß Spinoza mit seiner Schrift ebenfalls für die Grundsätze seines bedrängten Freundes eintreten wollte: Gewissensfreiheit und Kampf gegen Priesterzwang und -herrschaft waren Forderungen, die ihm aus dem Herzen gesprochen waren. So wollte also der Traktat der Gegenwart dienen; er „wollte dem Staate zu Hilfe kommen im Kampfe gegen die Anmaßungen der Prädikanten. Er war ein Appell an die vom Geiste der neuen Zeit erleuchteten Staatsmänner und an alle klardenkenden Bürger, die Fesseln der Unduldsamkeit, des Vorurteils und des Glaubenszwanges, die sich wieder um die junge Republik gelegt hatten, abzuschütteln und den alten Grundsatz der utrechter Union aufrecht zu erhalten, daß kein Bürger um seiner religiösen oder wissenschaftlichen Überzeugung willen geschädigt werden dürfe" (S. 157 f.). Daß Spinoza wirklich diese Absicht verfolgt, zeigt der Untertitel des Traktats, zeigt das Vorwort (§ 13) und schließlich jener Brief, in dem er sich über die Absichten des Traktats ausspricht (ep. 30): „Zur Abfassung der Schrift veranlaßten mich erstlich die Vorurteile der Theologen. Denn ich weiß, daß sie am meisten die Menschen hindern, sich der Wissenschaft zu widmen. Diese Vorurteile klarzulegen und sie aus den Köpfen der Vernünftigeren zu entfernen, ist mein Bemühen. Sodann die Freiheit zu philosophieren und zu sagen, was wir denken. Sie, die durch die zu große Autorität und Anmaßung der Prediger hier zu Lande geradezu erdrückt wird, wünsche ich auf alle Weise zu verteidigen."

Wir eignen uns diese allgemeinen Resultate Freudenthals, die hier naturgemäß nur im Umriß wiedergegeben werden konnten, im vollen Umfang an; sie sind das Beste und Gründlichste, was jemals über diese Materie geschrieben worden ist. Sie lassen mit aller Klarheit die politische Abzweckung der Schrift erkennen und rücken damit weite Partien, namentlich den ganzen politischen Teil in die Beleuchtung, die überhaupt erst ein wirkliches Verständnis ermöglicht.

Aber welche Stellung nimmt nun der theologische Teil im Rahmen des Ganzen ein? Bei dieser Frage beginnt der Streit der Meinungen, und in der Tat scheinen hier die Ausführungen Freudenthals der Ergänzung bedürftig zu sein.

Der theologische Teil ist, so hören wir bei ihm, die theologische Begründung für die Lehre der Denkfreiheit. Wenn die Orthodoxen sich stets auf ihr übernatürliches Erkenntnissystem berufen, das sie in der Bibel besitzen, — wenn sie von hier aus eine unabhängige Philosophie anfeinden und auf den gleichen Grund ihre Herrschaftsgelüste zu stützen suchen, so tritt Spinoza im theologischen Teil diesen Ansprüchen entgegen und kommt zu dem in kritischer Bibelexegese gewonnenen Ergebnis, daß die Bibel keine übernatürliche Erkenntnis lehrt. Religion besteht nach der Bibel nur in Moral, zeigt also lediglich, was wir tun, nicht was wir denken sollen. Damit ist den Gegnern jeder Grund genommen, im Namen der Religion das freie Denken zu verbieten und die staatliche Autorität der kirchlichen unterzuordnen. Daneben haben wir aber auch gerade im theologischen Teil den Einfluß einer andern Tendenz zu beachten. Zu den in den politischen und religiösen Verhältnissen der Niederlande begründeten Antrieben zur Abfassung des Traktats kommen nämlich, so fährt Freudenthal weiter fort, Gründe rein persönlicher Natur hinzu. Auch hierüber gibt uns der oben erwähnte Brief Aufschluß. „Was mich", so sagt dort Spinoza, „zur Abfassung des Traktats veranlaßt hat, ist außerdem die Meinung, die der große Haufen des Volkes von mir hat, der mich der Gottlosigkeit unaufhörlich beschuldigt. Auch diese Meinung abzuwehren, soweit es möglich ist, bin ich genötigt" (ep. 30). Wollte Spinoza wirklich auf seine Zeitgenossen wirken, ihre Meinung in seinem Sinn beeinflussen, dann mußte er sich von dem ehrenrührigen Makel, den der Vorwurf der Gottlosigkeit einschloß, frei machen. Auch diese apologetische Tendenz kommt in der Gesamthaltung des Traktats zum Ausdruck. Sie bringt es mit sich, daß wir die theologischen Ausführungen nicht unbefangen als seine wirkliche Meinung anzusehen haben; seine Ansichten in ihrer wahren Gestalt liegen uns in der Ethik vor. Indes lehrt der Traktat nichts anderes als die übrigen Schriften, aber nicht mit voller Klarheit und Unumwundenheit. Zunächst stellt sich Spinoza auf den Standpunkt der Bibel und sucht von hier aus das Recht des neuen Denkens zu beweisen. Schritt für Schritt aber führt er den Leser zu den eigenen Anschauungen hin, vorsichtig und zögernd, sie meist durch verdunkelnde Ausdrücke kirchlicher Färbung verhüllend, aber dann und wann durch gelegentliche Wendungen den Schleier zerreißend und sich in seiner wahren Natur zeigend. Diese Einkleidungsmethode ist aus seiner Tendenz, die üble Meinung zu zerstören und jeden Anstoß zu vermeiden, erklärlich, macht aber den Inhalt des Traktats oft dunkel und irreführend. „Nicht selten scheint Spinoza zu behaupten, was er später zurücknimmt, nicht selten anzuerkennen, was er an anderen Orten leugnet. Bisweilen zweifeln wir, ob er in eigenem Namen oder in fremdem Namen spricht. Oft gebraucht er bekannte Ausdrücke in einem von ihm erst ihnen gegebenen Sinne. So die Worte: Heilige Schrift, Offenbarung, göttliches Gesetz, Prophetie. Und nicht immer gibt er deutlich und bestimmt an, was er unter diesen Worten versteht" (S. 175). „Man darf diese Behutsamkeit Furchtsamkeit nennen, schelte aber Spinoza darum nicht einen Feigling . . . Wenn er die Schrift herausgab, in der er zwar mit schonender Hand, doch immer unsanft genug, das künstliche Gewebe zerriß, das der theologische Eifer vieler Jahrhunderte gewirkt hatte; wenn er gerade gegen die gefährlichsten seiner Gegner, die Prediger der reformierten Kirche, die heftigsten Angriffe richtete, so zeigte er damit, daß seine Tapferkeit größer war als seine Vorsicht. Aber es ist freilich ein Gemisch von Mut und Furchtsamkeit, von Tapferkeit und Ängstlichkeit, das die vielfach schwankende Haltung des Traktats bestimmt hat" (S. 178).

Es ist schon angedeutet worden, daß diese Ausführungen Freudenthals über den theologischen Teil nicht ganz befriedigen können. So treffend auch die Charakteristik im einzelnen ist, – wer es unternimmt, den theologischen Teil zu analysieren, kann sich nicht damit zufrieden geben, den widerspruchsvollen Charakter und das geheimnisvolle Zwielicht, das über diesem Teil ausgebreitet liegt, zu betonen; er wird stets versuchen, hinter das Geheimnis des Buches zu kommen und sich nach einem Prinzip umtun, das womöglich eine Scheidung zwischen dem, was Spinoza in eigenem und in fremdem Namen sagt, zuläßt.

C. Gebhardt ist auf diesem Wege weiter fortgeschritten und hat die Grenzlinie so gezogen, daß der Faktor Spinoza so gut wie ganz ausgeschaltet wird.[1]) Nach seiner Meinung ist der gesamte Inhalt des Traktats, der politische und der theologische Teil, im Interesse und zur Verteidigung der Kirchenpolitik Jan de Witts geschrieben. Indem Spinoza den Traktat verfaßte, „stellte er sich nicht nur in der kirchenpolitischen,

[1]) Siehe die Einleitung zu seiner Ausgabe des theologisch-politischen Traktats, Leipzig 1908. Die Ergebnisse seiner Forschung sind als Anhang aufgenommen in Kuno Fischers Geschichte der neuern Philosophie, Bd. II, 5. Aufl., Heidelberg 1909.

sondern auch in der religiösen Frage auf den Standpunkt der Regentenpartei". Die Glaubenssätze des 14. Kapitels sind „nicht das Produkt einer philosophischen Abstraktion, oder wie man gemeint hat, der Vernunftreligion Herberts von Cherbury nachgebildet; sie stellen eben den wirklichen Glauben der freidenkenden holländischen Regenten, das Glaubensprogramm der Neutralisten dar.[1]) Dies ist der selbstgewählte religiöse Standpunkt, von dem aus Spinoza sein Werk geschrieben hat. Wir werden manchen Satz darin finden, der mit seiner philosophischen Überzeugung im Widerspruch steht, keinen aber, der mit diesem Credo im Widerspruch stünde. Nicht vom Standpunkt seines philosophischen Systems aus hat Spinoza die Begriffe des Traktats geformt, sondern im Sinne wie im Interesse der Partei de Witts. Er wollte in der Religionslehre des Traktats nicht Philosoph sein, sondern ein holländischer Neutralist". „Ein ungerechtfertigtes Unternehmen ist es darum, aus dem Traktate eine eigene Religionslehre oder Religionsphilosophie Spinozas zu konstruieren."[2])

Man möchte im Interesse des Problems fast wünschen, daß Gebhardt mit diesen Ausführungen das letzte entscheidende Wort zum Verständnis des Traktats gefunden hat, so bestrickend einfach ist seine These. Wer es aber unternimmt, im Sinne dieser Konstruktion den Traktat zu studieren, sieht sich wieder und wieder vor Schwierigkeiten gestellt, welche die Unzulänglichkeit auch dieser These mit Evidenz dartun.

Der Grundfehler der Gebhardtschen These besteht darin, daß sie den Inhalt des theologischen Teils als eine sich im wesentlichen auf gleicher Höhenlage bewegende Gedankenentwicklung ansieht. Natürlich gibt Gebhardt unumwunden zu, „daß Spinoza die neutralistischen Begriffe seiner Schrift so weit als möglich den Begriffen seiner Lehre zu nähern sucht",[3]) und daß so manche Inkonsequenzen entstehen. Im Grunde kennt er aber bloß eine gerade Linie, die eben nur dann und wann durch jene Tendenz in einen Zickzackkurs gerät. Es kann aber m. E. einer zergliedernden Analyse nicht entgehen, daß im Traktat zwei völlig verschiedene Religionssysteme einander gegenüberstehen, die sich trotz aller Harmonisierungsbestrebungen Spinozas deutlich voneinander abheben, eine Vernunft- und eine Offenbarungsreligion.[4]) Beide zu einer Einheit zu verschmelzen, geht unter keinen Umständen an. Über

[1]) Neutralisten nennt Gebhardt — im Anschluß an E. Th. Wenzelburger, Geschichte der Niederlande, Bd. II, S. 813 — jene Männer, welche im Gegensatz zu den Zeloten, die bewußt ein dogmatisches Christentum hervorkehren und den Glaubensfanatismus kultivieren, ein inter- oder überkonfessionelles Christentum vertreten und Priesterzwang und Prädikantenherrschaft verwerfen.

[2]) S. XVI f. seiner Ausgabe des Traktats.

[3]) Ebenda S. XVII.

[4]) Vgl. hierzu die Dissertation von Th. Maurer, Die Religionslehre Spinozas, Straßburg 1898.

Gebhardts These ließe sich diskutieren, wenn nicht das 4. Kapitel des Traktats (und alle anderen Stellen, die sich hierauf beziehen) geschrieben wären; diese ureigenen Anschauungen Spinozas, die wir als seine intellektualistische Sittenlehre in der Ethik wiederfinden, sind in einer Schrift, welche die Anschauungen der Regentenpartei verteidigen will, völlig deplaziert. Der Hinweis auf den kompromißartigen Charakter des Buches ist nicht geeignet, dieses Votum zu entkräften.

Schwerer noch wiegt ein zweites, das mit dem eben Gesagten eng zusammenhängt. Die Vernunftreligion steht nicht nur neben der Offenbarungsreligion, sondern steht unverkennbar über ihr. In ihrer ganzen geistigen Art ist sie der Offenbarungsreligion weit überlegen; diese dokumentiert sich damit als eine Größe zweiter Ordnung. Daß Spinoza selbst im Hinblick auf ihre Gemeinsamkeit in der praktischen Betätigung eine Harmonisierung zwischen beiden Religionsformen anstrebt, ändert an dem Gesamturteil nichts; die Offenbarungsreligion ist ihm letzten Endes nur ein notwendiges Surrogat. Und derselbe Spinoza hat in dem theologischen Teil des Traktats nur das eine Ziel verfolgt, diese Offenbarungsreligion der „Neutralisten" als die allein bibelwahre zu verteidigen? Das heißt denn doch die diplomatische Kunst eines Spinoza gewaltig unterschätzen.

Wir müssen also auch die These Gebhardts als unzureichend ablehnen; sie wird in ihrer übergroßen Glätte und Einfachheit dem komplizierten Tatbestand des theologischen Teils in keiner Weise gerecht.

Aber was nun? Um zum Ziel zu kommen, sollen zunächst die Tatsachen zusammengestellt werden, die m. E. aller Kritik standhalten können; in ihrer Zusammenfassung und geistigen Durchdringung wird sich dann ein tieferes Verständnis der Eigenart des theologischen Teils ergeben:

1. Im theologischen Teil hebt sich deutlich eine Offenbarungsreligion heraus, deren Nerv und Kern im Gehorsam gegen Gott und seine Gebote besteht (s. Kap. XIV). Ihr tritt (im IV. Kapitel) die Vernunftreligion gegenüber: jene in dem mystischen Gedanken des amor Dei intellectualis gipfelnde intellektualistische Sittenlehre, die den krönenden Abschluß von Spinozas Philosophie in der Ethik bildet und sich damit als seine wirkliche Meinung legitimiert. Beide Religionsformen sind, wie unsere Analyse ergeben wird, in ihrer seelisch-geistigen Art voneinander total unterschieden; sie kennzeichnen sich damit trotz ihrer Übereinstimmung in der praktischen Frömmigkeit als gesonderte Größen. Wenn Forscher wie Freudenthal und Gebhardt dieses Auseinanderliegen heterogener Elemente nicht zur Genüge betont haben, wie es das Gegenüber zweier verschieden gestimmter Religionsformen erfordert, so kann dies nicht zufällig sein; es findet seine Erklärung in den folgenden Bemerkungen.

2. Beide Religionssysteme sind nicht reinlich voneinander geschieden; sie laufen zum Teil durcheinander und gehen ineinander über. In den gesamten Ausführungen über die Offenbarungsreligion verleugnet sich niemals, daß Spinoza es ist, der die Offenbarungsreligion darstellt; immer fließen Gedanken und Wendungen in die Beweisführung, welche die biblischen, rein exegetisch gemeinten Auseinandersetzungen (I, 7) und auch Probleme, die wie die Wunderfrage mit der Offenbarungsreligion eng zusammenhängen, mit spinozistischem Geiste tränken (z. B. I, 44; III, 7–11; VII u. a.). Werden schon hierdurch die Grenzen zwischen den exegetischen Erörterungen und der Gedankenwelt Spinozas einigermaßen verwischt, so erhält dies eine Unterstützung durch das offensichtliche Bestreben, die Offenbarungsreligion trotz ihrer irrationalen Grundlage von allem supranaturalen Gehalt zu befreien (s. den Gesamtinhalt der Offenbarungsreligion) und sie zu einer Art Vernunftreligion zu machen (XII an versch. Stellen). Es ist dann nur ein konsequentes Fortschreiten auf der betretenen Bahn, den Unterschied zwischen beiden Religionssystemen nach Form und Inhalt abzuschwächen, wenn sich Spinoza bemüht, im Hinblick auf die Gemeinsamkeit in der praktischen Frömmigkeit das Wesensverwandte und Einende in der Vernunft- und Offenbarungsreligion mit bewußter Absicht hervorzukehren (z. B. XV, 35) und damit letztlich beide als identisch und jede als vera religio hinzustellen (s. Praef. 23; XII an versch. Stellen; XIX, 5, 10, 17). Und daß er es schließlich auf der andern Seite nicht für einen Raub hält, seine Vernunftreligion in die Bibel hineinzugeheimnissen, fügt sich unserer Betrachtung ebenfalls gut ein. – Natürlich wäre es psychologisch äußerst hölzern, behaupten zu wollen, daß alle diese verschiedenen Elemente, die wir hier erarbeitet haben, in ihrer Isoliertheit Spinoza mit bewußter Klarheit vor Augen standen. Es ist ja stets Aufgabe einer kritischen Analyse, in Atome zu zerlegen, was ihr als organisches Gebilde entgegentritt. Alle diese Differenzierungen sind nichts weiter als der Niederschlag einer einheitlichen Tendenz, die dem ganzen theologischen Teile sein unverkennbares Gepräge gibt; wir können sie formulieren: Akkommodation um jeden Preis. Beide Religionssysteme sind streckenweise aneinander an- und miteinander ausgeglichen.

Steht das bisherige Ergebnis unserer Untersuchungen auf sicherem Boden, so erhebt sich von selbst die Frage, welches Ziel Spinoza mit seiner Harmonisierungstendenz verfolgt hat. Es ist klar, daß die Antwort auf diese Frage zugleich die gesuchte Lösung für das Verständnis des theologischen Teils in sich birgt. Und sie ist nun nicht eben schwer; sie drängt sich bei der ganzen Problemstellung fast von selbst auf. In der Tendenz liegt deutlich ein apologetisches Ziel: indem Spinoza es unternimmt, die Vernunftreligion als bibelwahr, gottgewollt und mit der rechtverstandenen Offenbarungsreligion im Kerngehalt übereinstimmend hinzustellen, tritt er damit in stillschweigender Absicht für die vollwertige Daseinsberechtigung dieser seiner Religion ein. Seine Auseinandersetzungen tragen also mit anderen Worten den Charakter einer oratio pro domo. Wir müssen diesen schon von Freudenthal hervorgehobenen Gedanken, der bei Gebhardt von der Idee der Staatsschrift so gut wie ganz verschlungen wurde, im Sinne unserer eben gemachten Ausführungen wieder neu und kräftig betonen, ja ihn zum Prinzip erheben, um dem eigenartig-nivellierenden Charakter des theologischen Teils in vollem Umfange gerecht zu werden und damit den Schlüssel für ein adäquates Verständnis in die Hand zu bekommen.

Spinoza war seiner Zeit der große Verfehmte, der Religionsschänder ohnegleichen; er galt als Gottesleugner und Verächter des Allerheiligsten, der scriptura sancta. Im Jahre 1665, im gleichen Jahre, in welchem er den theologisch-politischen Traktat in Angriff nahm, wurde er in einer öffentlichen Petition an den Magistrat von Delft gebrandmarkt als „Atheist und Religionsverächter von Gesinnung, als gemeinschädliches Subjekt, wie viele gelehrte Leute und Prediger bezeugen können."[1]) Der 30. Brief — „Das Volk hört nicht auf, mich des Atheismus zu beschuldigen" — und gelegentliche Wendungen im Traktat selbst (XII, 16, 6, 8) bestätigen das gleiche Urteil; man erhält fast den Eindruck, daß Worte wie Atheist und Religionsschänder stehende Bezeichnungen für den Erzketzer Spinoza waren. Spinoza konnte dieses moralische Verdikt unmöglich ruhig auf sich sitzen lassen; um so weniger, als noch immer dann und wann die Nacht des Mittelalters mit den grausen Schrecken der Inquisition in den holländischen Toleranzstaat hineindämmerte.[2]) Wollte er also nicht eines Tages aus der beschaulichen Ruhe seines philosophischen Daseins unliebsam gestört werden, so hatte er allen Grund, sich beizeiten zur Wehr zu setzen. Und dazu kam noch eins. Spinoza hatte die Absicht, auf seine Mitbürger zu wirken; er wollte ja gerade in diesem Augenblick eingreifen in den Streit, der die Geister der Zeit mächtig erregte, und wollte sie auf seine Seite herüberziehen. So mußte ihm aus per-

---

[1]) Freudenthal Lg., S. 118 f.

[2]) Was damals noch alles möglich war, zeigen die Prozesse gegen die Brüder Koerbagh (s. Freudenthal Sp., S. 140 ff. und vor allem K. O. Meinsma: Spinoza und sein Kreis, 1909, S. 349 ff. und Kap. X). Aber auch an die Ereignisse nach Veröffentlichung des Traktats dürfen wir erinnern; ob Spinoza dem Schicksal eines Adrian Koerbagh oder noch Schlimmerem entgangen wäre, wenn nicht Jan de Witt den ersten Sturm aufgefangen hätte, ist im höchsten Grade fraglich. Es ist eine tragische Ironie im Leben Spinozas, daß das Buch, welches die theologischen Gegensätze mildern sollte, erst recht den Fanatismus gegen ihn mobil machte.

sönlichen und sachlichen Motiven alles daran liegen, die **Vorwürfe, mit denen ihn ein unverständiger Fanatismus immer wieder bedachte, in ihrer Haltlosigkeit darzutun.**

Indem wir in dieser Weise dem theologischen Teile des Traktats ein apologetisches Gepräge geben, tragen wir nicht mehr in ihn hinein, als Spinoza selbst bezweckt hat. In dem schon öfters herangezogenen 30. Brief spricht sich diese persönliche Note mit aller Klarheit aus: „Diese Meinung (sc. daß ich ein Atheist bin), soweit es möglich ist, von mir abzuwehren, sehe ich mich genötigt." In den eben erwähnten Stellen des Traktats heißt es im gleichen Sinn: „Das eine weiß ich, daß ich nichts gesagt habe, was der Schrift oder des Gotteswortes nicht würdig wäre; denn ich habe nichts behauptet, das ich nicht mit den augenscheinlichsten Gründen als wahr bewiesen habe. Darum kann ich es auch mit Bestimmtheit aussprechen, daß ich nichts gesagt habe, was gottlos wäre oder nach Gottlosigkeit aussähe" (XII, 6). Und im Anschluß daran verwahrt er sich dagegen, daß seine Anschauungen zu einer laxen Lebensauffassung führen könnten (XII, 6f). Wenige Seiten später kommt es ihm dann unwillig über die Lippen: „Man höre also auf, mich der Gottlosigkeit zu beschuldigen, denn ich habe nichts gegen das Wort Gottes gesagt" (XII, 16). Und am Schluß des theologischen Teiles heißt es, gleichsam resümierend, mit starkem Nachdruck: „Bevor ich zu anderem fortschreite, will ich hier noch ausdrücklich bemerken, obwohl es schon gesagt ist, daß ich die heilige Schrift oder die Offenbarung hinsichtlich ihrer Nützlichkeit und Notwendigkeit sehr hoch schätze" (XV, 44; s. auch II, 30; XII, 4, 8).

Aber mehr noch als in diesen gelegentlichen Äußerungen kommt der apologetische Charakter in der Gesamthaltung des theologischen Teils zum Ausdruck. Indem Spinoza zeigt, daß „die Schrift unbedingt die natürliche Erleuchtung und das natürliche göttliche Gesetz – so nennt er seine Vernunftreligion – empfiehlt" (IV, 50), indem er trotz des graduellen Unterschiedes, der sich nicht verleugnet, beide Religionsformen aneinander angleicht und im Hinblick auf den gemeinsamen praktischen Kern, d. h. also im Hinblick auf das wesentliche Ferment aller Religion geradezu eine Identifikation vornimmt und dann konsequent (und doch wieder inkonsequent genug) jede als vera religio anspricht, hat er einerseits der allgemeinen Hochschätzung der Bibel den für ihn höchstmöglichen Tribut gezollt und auf der anderen Seite sich in höchst geschickter Weise gegen die Vorwürfe des Atheismus gedeckt. Wer darf ihn jetzt noch der Gottlosigkeit zeihen, wenn er in dieser Weise über Bibel und Christentum urteilt und in der Liebe zu Gott das Wesen seiner Religion, das doch nur das Wesen aller Religion ist, findet?

Möglich auch, daß der gewiegte Politiker Spinoza mit seiner Gegenüberstellung der Vernunft- und Offenbarungsreligion und seinem Bestreben, sie ineinander zu flechten, zugleich noch ein anderes, weiterliegendes Ziel verfolgt hat. Seine lex divina (im IV. Kapitel) ist, wie schon erwähnt, nichts anderes als der Grundstock seiner praktischen Philosophie; wir finden seine Ausführungen in zum Teil ganz ähnlicher Diktion in der Ethik (IV u. V) wieder. Wenn er nun im Traktat zeigt, daß dieses göttliche Gesetz nach seinem sittlichen Gehalt mit dem Kern der Offenbarungsreligion identisch ist, und dann seine ganze Beweisführung auf die These hinausführt, daß man allen, „die nach Maßgabe ihres Verstandes und ihrer Fähigkeiten für Gerechtigkeit und Liebe eintreten", volle Freiheit in spekulativen Dingen zugestehen muß (XIV), sollte er dann nicht auch die Absicht gehabt haben, der Herausgabe seiner fast vollendeten Ethik die Wege zu bahnen? Daß auch dieser Gedanke bei der Nivellierungstaktik mitbestimmend gewesen ist, ist im höchsten Grade wahrscheinlich; ähnliche Überlegungen sind es gewesen, die ihn einst zur Veröffentlichung der cartesianischen Prinzipien veranlaßt haben (s. ep. 13; VL. II, S. 47).

Diese persönlich-apologetische Haltung, speziell des theologischen Teils, die dem Traktat den Charakter einer straffgeschlossenen Einheit nimmt, erhält noch eine gewisse Stütze durch einen Gedanken, den wir bisher nicht berührt haben. Der Traktat enthält nicht nur Spinozas Verteidigungsversuch gegenüber dem Christentum, sondern auch seine Auseinandersetzung mit dem Judentum. Als er im Jahre 1656 von der Synagoge zu Amsterdam in Fluch und Bann getan war, schrieb er (in spanischer Sprache) eine Apologie, in der er gründlich mit dem Judentum abrechnete und sich gegen die erhobenen Vorwürfe verteidigte. Die Schrift ist uns leider nicht erhalten; wir wissen aber,[1]) daß ihr Inhalt zum großen Teil in den theologisch-politischen Traktat übergegangen ist. Werden wir auch die in Betracht kommenden Partien des Traktats in unserer Analyse nur selten berühren (doch s. S. 29 Anm. 1 u. S. 35 Anm.), da sie für die religionsphilosophischen Probleme nicht von wesentlicher Bedeutung sind, so ist doch die Tatsache an sich nicht unwichtig. Sie zeigt das Eine, was in unserer Auffassung des Traktats schon zum Ausdruck gekommen ist, mit voller Evidenz: wir haben kein Recht, in dem theologischen Teile eine einheitliche Größe zu erblicken, — einheitlich in dem Sinn, daß mit harter Konsequenz ein Gedanke durchgeführt würde. Vielmehr gehen mehrere Tendenzen sichtlich nebeneinander her und geben gerade in dieser Mehrheit dem Traktat sein eigenartiges Gepräge.[2])

---

[1]) Die Belegstellen bei Freudenthal Lg., S. 30 und S. 237. Vgl. M. Vexler, De l'„Apologie" de Spinoza. Revue des Études Juives, Bd. 65, 1913, S. 231—242.

[2]) Man vermißt überhaupt im einzelnen den systematisch-zielstrebigen Charakter der Anlage; H. Bonifas hat nicht unrichtig geurteilt: „Il y a quelque confusion, très peu d'ordre, dans cet écrit" (Siehe seine Montaubaner Dissertation: Les idées bibliques de Spinoza, Mazamet 1904, S. 23).

So viel über den theologischen Teil. Es handelt sich jetzt darum, unsere Ergebnisse dem Rahmen des Ganzen einzuordnen und in kurzen Strichen ein Gesamtbild von dem Charakter und dem Aufbau des theologisch-politischen Traktats zu entwerfen.

Die letzte Absicht Spinozas kommt in dem Untertitel des Buches zum klaren Ausdruck. Er will zeigen, „daß die Freiheit zu philosophieren nicht nur ohne Schaden für die Frömmigkeit und den Frieden im Staate zugestanden werden kann, sondern daß sie nur zugleich mit dem Frieden im Staate und mit der Frömmigkeit selbst aufgehoben werden kann." Das Recht der freien Meinungsäußerung war bisher durch die Orthodoxie geknechtet. In gespreiztem Selbstdünkel gebärdete sich diese als die alleinige Inhaberin der Wahrheit, die in der heiligen Schrift als der unfehlbaren Autorität ein für allemal versiegelt sei. Alle anderen Meinungen sind zu unterdrücken; sie gefährden das Fundament der Sittlichkeit und stellen damit den Bestand des Staates in Frage. „Wenn die Pfeiler der Gerechtigkeit und Frömmigkeit erschüttert werden, so fallen Staat und Kirche dem Chaos anheim. Wenn aber Moses der Richter und Aaron der Priester Hand in Hand gehen, wenn das Schwert und das Wort sich miteinander verbinden, dann werden beide blühen und Wurzel treiben, wie die Zedern des Libanon."[1]) In dieser Weise suchte man den Machthabern nach bekanntem Rezept Sand in die Augen zu streuen. Soweit die politische Seite in Frage kam, ist sie von Spinoza in der zweiten Hälfte des Traktats mit außerordentlicher Energie und Geisteskraft behandelt worden. Die Machtgelüste der Kirche werden im Sinne Jan de Witts in aller Entschiedenheit zurückgewiesen, die Kirche geradezu zu einem Attribut des Staates gemacht, und in vorbildlicher Weise wird das Recht der Freiheit des Individuums proklamiert. Aber der Kampf gegen die Orthodoxie konnte nur dann mit vernichtender Wucht geführt werden, wenn ihr das Fundament ihrer Anschauungen gleichsam unter den Füßen fortgenommen wurde. Glauben und Wissen bildete für sie eine ungeschiedene Einheit; sie wähnte sich im Besitz eines untrüglichen Wahrheitssystems, das in der heiligen Schrift als dem Gotteswort fest verankert liege. Das war der Punkt, wo der theologische Teil mit seiner Arbeit einzusetzen hatte. Wollte Spinoza keinen Stoß ins Leere tun, so mußte er den Gegnern auf ihr ureigenes Gebiet folgen und sie von ihren eigenen Voraussetzungen aus ad absurdum führen. So kommt er denn durch eine groß angelegte, mit dem Rüstzeug moderner Wissenschaftlichkeit ausgestattete Bibelexegese zu dem Ergebnis, daß die Kirche keine Akademie und die Religion keine Wissenschaft ist (XIII, 4), daß nach der recht ver-

[1]) C. B. Hylkema, Reformateurs, Bd. I, 1900, S. 180.

standenen Offenbarung Religion und Philosophie als zwei völlig getrennte Größen ohne Haß und Liebe nebeneinander bestehen können; denn Religion ist im Grunde Moral und nichts anderes. Bei dieser Darstellung des Bibelinhalts bleibt aber Spinoza – wir wissen es schon – seinen exegetischen Prinzipien in keiner Weise getreu; vielmehr wird ihm diese grundlegende Vorarbeit für den politischen Teil zum Anlaß, die Berechtigung der eigenen „Religion" darzutun, dergestalt, daß sie, auch gemessen an den Voraussetzungen der Orthodoxie, jeder Kritik standhalten kann. Am deutlichsten kommt dies zum Ausdruck in dem Versuch, die Grundzüge seiner eigenen intellektualistischen Sittenlehre durch die Autorität der Bibel zu stützen und in Anbetracht des gemeinsamen Kernes ihre wesentliche Übereinstimmung mit der Offenbarungsreligion zu betonen. Damit hat er erreicht, was das unverkennbare Ziel dieser Beweisführung ist: die Existenzberechtigung der Vernunftreligion ist damit erwiesen, trotz ihrer andersartigen gedanklichen Einkleidung (s. XIV, 31 ff.). Denn gläubig sind alle diejenigen und nur diejenigen, „die nach Maßgabe ihres Verstandes und ihrer Fähigkeiten für Gerechtigkeit und Liebe eintreten" (XIV, 39). Daß die wesentliche Identität zwischen beiden Größen auch ihre gleiche Stellung im Staatsleben einschließt, ist selbstverständliche Konsequenz (s. XIX, 5, 10, 17).

Dürfen wir hoffen, durch diese Erörterungen den geheimnisvollen Schleier, der über dem theologischen Teil des Traktats ausgebreitet liegt, ein wenig gelüftet zu haben, so muß doch sogleich hervorgehoben werden, daß sie nicht wie mit einem Zauberschlüssel das Verständnis jeder einzelnen Stelle restlos erschließen; es bleiben immer noch manche Unklarheiten und Schwierigkeiten zurück. Aber ist dies bei einem so komplizierten Gebilde wie dem theologisch-politischen Traktat anders möglich? Es pflegt ja stets das Schicksal von Kompromissen zu sein, nach beiden Seiten zu hinken. Und lassen sich überhaupt in Einzelfragen die Anschauungen eines Mannes widerspruchslos auf eine glatte Formel bringen, der den methodischen Satz aufstellt: „Man rede nach der Fassungskraft der Menge und tue alles, was nicht an der Erreichung des Zieles hindert. Denn wir können nicht wenig Vorteil von der Menge erlangen, wenn wir soweit als möglich ihrer Fassungskraft Rechnung tragen. Dazu kommt, daß man die Menschen dadurch geneigt macht, der Wahrheit ein williges Ohr zu leihen" (De Intellectus Emendatione Tractatus, VL. I, S. 7). Wir dürfen bei der Lektüre des Traktats niemals vergessen, daß ihn ein Mann geschrieben hat, der als Erbteil des Volkes, dem er entstammt, ein gut Teil d i p l o m a t i s c h e r Kunst besaß und diese Gabe bewußt seinen Zielen dienstbar machte. Diese Taktik wird uns psychologisch noch verständlicher, wenn wir uns vergegenwärtigen, daß Spinoza nicht zu jenen Feuernaturen gehört, denen Kampf und Streit

Lebensbedürfnis ist; in seinem „temperamentlosen Ruhebedürfnis" das Ideal der stoischen „Apathia" verkörpernd, sucht er scheu, zurückhaltend, ja fast ängstlich jeden Anstoß zu vermeiden und allen Streitigkeiten aus dem Wege zu gehen. „Rixas prorsus horreo", sagt er einmal im Hinblick auf die haßsüchtigen Theologen (ep. 6; VL. II, S. 27), und die Aufschrift auf seinem Siegelring „Caute" charakterisiert ihn nach dieser Seite zur Genüge.[1]) So ist denn das Motiv seines Denkens, das ihn schon bei der Abfassung der Korte Verhandeling, des Tractatus De Intellectus Emendatione und der Cogitata Metaphysica (s. ep. 13; VL. II, S. 46) leitete, im Traktat geradezu zum System erhoben; es heißt, wie schon erwähnt: Akkommodation um jeden Preis. Wie weit diese Akkommodation im einzelnen Falle geht, wie viel doch wieder auf das Konto von Spinozas wirklicher Überzeugung zu setzen ist, ist zuweilen außerordentlich schwer zu entscheiden. Es kommt meist nur darauf an, wie die Akzente gesetzt werden; ohne eine gewisse Auslese und damit ohne eine gewisse Subjektivität geht es nicht ab. Daß Subjektivität in unserem Falle nicht gleichbedeutend ist mit Willkür, dürfte selbstverständlich sein; sie beruht auf dem in eingehendem Studium der Gedankenwelt des Traktats und der anderen Lebensäußerungen Spinozas gewonnenen Gesamteindruck.

Nach diesen einleitenden Bemerkungen gehen wir zur Analyse des Werkes über. Wir werden, um die Anschauungen Spinozas übersichtlich vorzutragen, nicht den Spuren folgen, die er selbst gegangen ist, sondern seine Gedanken in systematischer Gruppierung vorführen. Wir beginnen mit der Darstellung der kirchenpolitischen Probleme. Gehören sie auch nur mehr mittelbar zu dem gestellten Thema, so lassen sie sich doch nach dem oben Gesagten von unseren Ausführungen nicht trennen. Sie bilden die allgemeine Abzweckung der Schrift: sie geben sich als das praktisch wichtigste und drängendste Problem der Zeit. Die theologischen Partien wollen ja nach ihrer einen Seite nichts anderes sein als die Grundlage der kirchenpolitischen Erörterungen, diese der krönende Abschluß, in den alles ausklingt. In ihren wesentlichen Grundgedanken sollen sie daher auch in unserem Zusammenhange geboten werden.

---

[1]) Den Zusammenhang zwischen dem Menschen Spinoza und seiner Philosophie beleuchtet die interessante, aber nicht immer einwandfreie psychologische Studie von E. Lucka: Spinoza und Fichte. Preußische Jahrbücher, Bd. 153, 1913, S. 193—216.

II.

Staat, Kirche und Religion.

Der politische Teil des Traktats.

Wie es Spinoza adäquat ist, geht er bei den staatsrechtlichen Erörterungen auf das Allgemeine, Natürliche, in der Vernunft Begründete und darum Wesensvernünftige zurück. Er nimmt seinen Weg von dem Rechte, „das mit uns geboren ist" (s. XVI, 9), vom Naturrecht. Dieses Naturrecht enthält nach ihm als Kerngedanken den Satz, daß das Recht eines Individuums so weit reicht, wie seine Macht. Gemäß seiner natürlich-instinktiven Veranlagung kann jeder tun, was ihm beliebt; sein Handeln findet eine Grenze nur in seiner faktischen Macht. Mit menschlicher Vernunft hat dieser Zustand, mit dem der Zeiten Lauf begann, nichts zu schaffen; es herrscht in ihm der ungezügelte Naturtrieb. Bloße Nützlichkeitsinteressen sind es gewesen, welche die Menschen hernach veranlaßt haben, diesem Naturrecht zu entsagen und die Vernunft als Führerin anzuerkennen. In einem Vertrag haben sie sich daher geeinigt, das Recht des Einzelnen auf die Gesamtheit zu übertragen – Spinoza spricht zunächst nur von der Demokratie als der Urform des Staates – und die ganze Lebenshaltung dem Gesetz der Vernunft zu unterwerfen. Der Abschluß dieses Vertrages ist die Geburtsstunde des Staates. Es liegt in der Konsequenz dieser Entwicklung, daß die Obrigkeit die höchste Macht und das höchste Recht in den Händen hat, während alle andern ihr in allen Beziehungen zu gehorchen haben (XVI, 1—36).

Wie haben wir nun im Lichte dieser Entwicklung über das Problem Staat und Religion zu urteilen? Man muß bei dieser Frage den Begriff der Religion klar und scharf fassen. Sofern Religion in äußeren Handlungen besteht, in Ausübung der Frömmigkeit und äußerem religiösen Kult, mit einem Wort: sofern Religion Kirche ist, ist sie in ihrer Totalität dem Staat unterworfen; sofern Religion Frömmigkeit ist und in Einfalt und Wahrhaftigkeit des Gemüts besteht (s. VII, 90), gehört sie zu den unveräußerlichen Rechten des Individuums.

Die erste These wird sofort klar, wenn man bedenkt, daß die Religion nur durch den Beschluß der Obrigkeit Rechtskraft erlangt.

Im Naturzustande gibt es keine Religion und kein Gesetz und daher auch keine Sünde und kein Unrecht; daß der Mensch Gott Gehorsam schuldig ist, kann er ja nur aus der Offenbarung erfahren (XVI, 53 f.). Damit nun die göttlichen Lehren unbedingte Rechtskraft erhielten, war es nötig, daß der Einzelne sein natürliches Recht aufgab, und alle es auf alle oder auf einige oder auf einen übertrugen; erst von da an wußte man, was Gerechtigkeit und Billigkeit ist. Man kann gegen diese Ausführungen nicht einwenden, daß Gott es ist, der seinen Geboten Rechtskraft verleiht. Gottes Reich ist ja überall da, wo Gerechtigkeit und Liebe zur Norm des Handelns erhoben werden. Es gibt also neben diesem Reich der Gerechtigkeit nicht noch eine besondere Gottesherrschaft; vielmehr ist die Obrigkeit die Mittlerin zwischen Gott und den Menschen, sobald sie die genannten sozialen Grundtugenden zu Staatsgesetzen erhebt. Dabei ist es ganz gleichgültig, ob wir die Religion als durch natürliche oder durch prophetische Erleuchtung offenbart fassen; denn der Beweis ist allgemeingültig, da die Religion ja ein und dieselbe ist und von Gott ganz ebenso offenbart, mag man sich nun die Art, wie sie den Menschen kund ward, so oder so vorstellen (XIX, 17–21).

Von diesen grundlegenden Bemerkungen aus werden wir verstehen, daß nach Spinoza die Religion – immer sofern sie in äußeren Handlungen besteht – niemals dem Staatsinteresse widersprechen darf. Durch die Regierung ist ja erst der Bestand alles Guten und Vernünftigen gesichert; mithin ist die Liebe zum Vaterlande die höchste Frömmigkeit, die man zeigen kann. Das Wohl der Gesamtheit muß also stets höchstes Gesetz sein; nicht was dem Einzelnen frommt, sondern dem Ganzen zunütze ist, ist ein frommes Werk. Das Wohl und Interesse der Gesamtheit gehört aber zu den Obliegenheiten der Obrigkeit; folglich hat auch die Obrigkeit und nur sie allein das Recht zu bestimmen, in welcher Weise der Einzelne seine Frömmigkeit betätigen und somit seine Pflicht gegen Gott erfüllen soll. Spinoza kann den Satz auch so zuspitzen: Niemand kann in der richtigen Weise Frömmigkeit üben und Gott gehorchen, wenn er nicht allen Beschlüssen der Obrigkeit gehorcht (XVI, 22–27). A l l e s o g e n a n n t e n g e i s t l i c h e n A n g e l e g e n h e i t e n g e h ö r e n a l s o s a m t u n d s o n d e r s z u m R e c h t d e r O b r i g k e i t: sie hat Religionsdiener zu ernennen, die Grundlagen der Kirche und ihre Lehre zu bestimmen,[1]) über die Sitten und Handlungen der Frömmigkeit zu urteilen, jemanden aus der Gemeinschaft der Kirche auszuschließen oder in sie aufzunehmen, die Ausbreitung der Religion zu übernehmen und

[1]) Unter der Lehre sind wohl die Normaldogmata aus Kapitel XIV gemeint, ohne die der Gehorsam gegen Gott und seine Gebote unmöglich ist (s. unten S. 33 f.).

schließlich für die Armen zu sorgen. Kurz, der ganze kirchliche Verwaltungsapparat und die Aufgaben der inneren und der äußeren Mission haben in den Händen der Obrigkeit zu ruhen (XIX, 39; tract. pol. III, 10).

Daß mit dieser Lösung dem Staat wirklich am besten gedient ist, kann nicht wohl bezweifelt werden. Wer die Macht in den geistlichen Angelegenheiten besitzt, genießt beim Volk eine unumschränkte Autorität; man kann geradezu behaupten, daß er die höchste Herrschaft über die Herzen ausübt. So führen denn alle Versuche, die geistlichen Angelegenheiten der staatlichen Kompetenz zu entziehen, zu einer Teilung der Herrschaft und damit zu nie endendem Streit. Hat denn die Obrigkeit noch irgendwelche Macht, wenn sie bei Krieg und Frieden oder sonstigen Angelegenheiten stets erst nach dem Urteil eines anderen fragen und sich ihm beugen muß? Die Konsequenzen eines derartigen Zustandes liegen klar zutage; man braucht nur an die Geschichte des Papsttums zu denken. Was alle Monarchen nicht mit Feuer und Schwert, das hat die Geistlichkeit mit der Feder allein vermocht. Schon daraus geht klar ihre große Macht hervor, aber ebenso die zwingende Notwendigkeit für die Regierung, sich diese Autorität zu wahren (XIX, 40—44).

Ein Einwand könnte noch erhoben werden: Wer ist dann der berufene Schützer von Religion und Frömmigkeit, wenn die Inhaber der Regierungsgewalt gottlos sein sollten? Man kann, so meint Spinoza, die Frage im Hinblick auf die Geistlichen mit gleichem Recht erheben. Und überdies: Wenn die Obrigkeit tun will, was ihr beliebt, dann wird sie alles ins Verderben stürzen, ob sie nun das geistliche Recht hat oder nicht. Man wird eher behaupten dürfen, daß das Übel schlimmer wird, wenn man ihr das Recht vorenthält. Denn wie das Beispiel der hebräischen Könige zeigt, werden die Regierenden durch den Gegensatz zur Geistlichkeit zur Gottlosigkeit geradezu getrieben und aus dem möglichen und drohenden Unglück wird also ein wirkliches (XIX, 46 ff.).

Aber wie, wenn die Obrigkeit etwas fordert, was mit unserem Gehorsam gegen Gott unvereinbar ist? Sollen wir dann der göttlichen oder der menschlichen Herrschaft gehorchen? Auch für diesen Fall fordert Spinoza Unterordnung unter die Entscheidung der Obrigkeit. Zwar muß man natürlich Gott mehr gehorchen, denn den Menschen;[1]) da aber in Religionssachen die Menschen gewöhnlich am meisten irren und je nach ihrer geistigen Eigenart mancherlei erfinden, so würde damit das Recht des Staates völlig ins Belieben des Einzelnen gestellt und

[1]) Wenn Spinoza begründend hinzufügt: „da wir eine gewisse und unzweifelhafte Offenbarung (certam et indubitatam revelationem) besitzen", so zeigt diese Formulierung, wie weit er sich unter Umständen akkommodieren kann. Der theologische Teil ist im großen ganzen auf einen anderen Ton gestimmt.

seinen Launen untergeordnet werden. Um dieser groben Rechtsverletzung aus dem Wege zu gehen, gibt es nur das eine Mittel, daß der Obrigkeit das unverkürzte Recht zugestanden wird, in staatlichen, wie in Religionsangelegenheiten zu entscheiden, wie sie es für gut hält; und alle sind verpflichtet, ihren Entscheidungen und Geboten zu gehorchen, kraft der ihr gelobten Treue, die Gott allewege zu halten befiehlt (XVI, 66 ff.).

Soviel über diese Seite des kirchenpolitischen Problems. Wir verlassen es in dem Augenblick, wo die Frage ihre denkbar schärfste Zuspitzung fast im Sinne eines cäsareopapistischen Systems gefunden hat: Die Kirche ist für Spinoza ein bloßes Attribut des Staates. Aber hier biegt Spinoza ab, um dann für die psychische Seite der Religion eine ganz neue Gedankenlinie einzuschlagen.

Der Staat ist nach ihm, wie wir oben ausgeführt haben, in der Weise konstituiert worden, daß die Einzelnen auf ihr Naturrecht Verzicht leisteten und es auf die Gesamtheit übertrugen. Diese Rechtsentäußerung ist selbstverständlich keine totale gewesen; das hieße ja dem Menschen seine menschliche Würde rauben. Niemand kann so weit dem Willen eines anderen unterworfen werden, den zu hassen, der ihn durch Wohltaten verpflichtet, und den zu lieben, der ihm Schaden zufügt (XVII, 1 ff.). Zu diesen Dingen, die sich aus den Gesetzen der menschlichen Natur mit Notwendigkeit ergeben, gehört auch die Freiheit der religiösen Überzeugung. Sofern Religion nicht sowohl in äußeren Handlungen als in eigenartig betonten Grundstimmungen der Seele beruht, in Einfalt und Wahrhaftigkeit des Gemütes, fällt sie nicht unter das öffentliche Recht. Denn Einfalt und Wahrhaftigkeit des Gemüts kann dem Menschen nicht durch irgendwelche äußere Autorität aufgezwungen werden, wie denn auch, bemerkt Spinoza nicht ohne ironischen Seitenblick auf den Bekehrungseifer der Prädikanten, schlechterdings niemand gezwungen werden kann, selig zu werden; dazu ist vielmehr eine fromme und brüderliche Ermahnung, gute Erziehung und vor allem ein eigenes freies Urteil erforderlich (VII, 90 ff.).

Dieses Recht des freien Urteils in der Religion ist aber nur ein Teil der vollkommenen Meinungsfreiheit, die der Staat seinen Untertanen zugestehen muß. Nach dem höchsten Naturrecht ist jeder Herr seiner Gedanken und hat die Freiheit zu urteilen und zu denken, was ihm gemäß ist. Es ist unmöglich, daß der Geist einem anderen verfällt; das Recht der freien Meinungsäußerung ist ein schlechthin unveräußerliches. Wenn wir einmal davon absehen, daß diese Freiheit zur Förderung der Künste und der Wissenschaften unerläßlich ist — denn diese kann man nur dann mit gutem Erfolge pflegen, wenn man ein freies und in keiner Weise voreingenommenes Urteil hat —, abgesehen hiervon liegt diese Freiheit letztlich auch im Interesse des Staates selbst. Wenn einer nachweist, daß ein Gesetz der gesunden Vernunft widerstreitet, und deshalb für seine Abschaffung eintritt, so erwirbt er sich damit ein unbestreitbares Verdienst. Voraussetzung ist natürlich, daß er nicht auf dem revolutionären Wege einer wohlberechnet-zersetzenden Kritik vorgeht oder demonstrativ gleich gegen das Gesetz handelt; er hat sich zu bescheiden, in offener Weise seine Meinung vorzutragen. Sollte ihm in solchem Falle die Obrigkeit den Mund verbieten? Es kann doch wahrlich nicht Zweck des Staates sein, die Menschen aus vernünftigen Wesen zu willenlosen Automaten zu degradieren; vielmehr hat er zu bewirken, daß ihr Geist und ihr Körper ungefährdet seine Kräfte entfalten kann. Und in unserem Zusammenhang spricht Spinoza das schöne Wort aus: Der Zweck des Staates ist in Wahrheit die Freiheit.

Das Recht der freien Meinungsäußerung ist also im Wesen des Staates begründet; sie wirkt ihr positiv Gutes. Auf der anderen Seite läßt sich nicht verkennen, daß ihre Beschränkung ihre großen Gefahren in sich birgt. Eine Herrschaft, die sich auf die Geister ausdehnt, ist nichts anderes als eine Gewaltherrschaft und ist, wie jede Tyrannis, ihren Gefahren ausgesetzt. Ein Blick auf die hebräische Geschichte zeigt, wie gefährlich es ist, rein spekulative Dinge dem jus divinum zu unterstellen; es bedeutet nichts anderes, als die Leidenschaft des Pöbels aufzustacheln und ihm die Besten und Tüchtigsten auszuliefern, was um so schlimmer ist, als sich dieses Gebaren mit dem Mäntelchen der Religion umhüllt (XVIII, 23 ff.). Und noch eins darf nicht außer acht gelassen werden: Was die Obrigkeit erreichen wollte, würde ihr doch nimmermehr gelingen; je mehr die Redefreiheit unterdrückt würde, um so hartnäckiger würde man darauf bestehen. Die Menschen sind ja so geartet, daß ihnen nichts unerträglicher ist, als wenn ihnen die Ansichten, welche sie für wahr halten, als Verbrechen angerechnet werden. Der Druck erzeugt Gegendruck. Sie verachten die Gesetze, lehnen sich gegen die Obrigkeit auf, und das Ziel der Obrigkeit schlägt um ins Gegenteil. Und „läßt sich ein größeres Unglück für einen Staat denken, als daß achtbare Männer, bloß weil sie eine abweichende Meinung haben und nicht zu heucheln verstehen, wie Verbrecher des Landes verwiesen werden? Was kann verderblicher sein, als wenn Männer nicht wegen eines Verbrechens oder einer Freveltat, sondern nur weil sie freien Geistes sind, für Feinde erklärt und zum Tode geführt werden, wenn das Schafott, das Schreckbild des Bösen, zur schönsten Schaubühne wird, um das erhabenste Beispiel der Selbstverleugnung und Tugend aller Majestät zum Hohne darzubieten?" „Soll also nicht Kriecherei, sondern Treue gewertet sein, und sollen die höchsten Gewalten die Regierung in festen Händen halten, so muß die Freiheit des Urteils notwendig gewährt und die Menschen müssen so regiert werden, daß sie, mögen sie auch unverhohlen verschiedene und entgegengesetzte Meinungen haben, doch in Eintracht miteinander leben (XX).

Mit begeistertem Pathos klingt der politische Teil aus in das hohe Lied der Freiheit; die Wucht der Diktion gemahnt an Fichte: „Nein, ihr Völker, alles, alles gebt hin, nur nicht die Denkfreiheit."

Wir haben mit diesen Gedanken den wesentlichen Gehalt der politischen Erörterungen wiedergegeben. Die beiden korrespondierenden Momente jeder Staatsauffassung, die Idee der Autorität und die der Freiheit, sind von Spinoza im Sinne der Bekämpfung aller kirchlichen Machtansprüche mit voller Klarheit herausgearbeitet worden. Für die Kirche ist der Staat *die* absolute Autorität, der sie sich in allem zu fügen hat; auf der andern Seite ist der Staat der Hort der Freiheit, der freies Denken und Reden zu gewähren und gegen kirchliche Bevormundungsgelüste zu verteidigen hat. Diese Anschauungen nun auch den Gegnern mundgerecht zu machen, ist das sachliche Ziel des theologischen Teils.

III.

Der theologische Teil des Traktats.

1. Die Offenbarungsreligion.

a) Die Bibel als Grundlage der Offenbarungsreligion.[1])

Welche Bedeutung das richtige Verständnis der Bibel für Spinoza hatte, ist oben (S. 15 f.) schon angedeutet worden. Der große Kampf, der die Jahrhunderte beschäftigt hatte, der Streit zwischen Philosophie und Theologie, sollte, das war die Meinung Spinozas, ein für alle Male entschieden werden. Die Wucht des Angriffs konnte, wie er mit richtigem Blick erkannte, nur dann mit vernichtender Kraft erfolgen, wenn er die Gegner ganz objektiv und ganz sachlich von ihren eigenen Voraussetzungen aus eines Besseren belehrte. So wurde der Kampf der Meinungen auf das exegetische Gebiet hinübergetragen; alles handelte sich darum, ein festes, unerschütterliches Fundament für ein wirkliches Schriftverständnis zu gewinnen.

Hatte man bisher behauptet, daß zum Verständnis der Bibel ein lumen supranaturale nötig sei, daß das vom heiligen Geist Inspirierte naturgemäß nur von übernatürlicher Eingebung adäquat erfaßt werden könne, und hatte man auf der anderen Seite die These verfochten, daß der Inhalt der Bibel nach der Lehre vom mehrfachen Schriftsinn solange gepreßt werden müsse, bis er mit der Vernunft im Einklang sei, so lehnt Spinoza beide Erklärungsversuche mit souveräner Überlegenheit ab (VII, 71 ff.) und entwickelt seinerseits mit genialer Intuition das Programm, das erst die Theologie des 19. Jahrhunderts verwirklicht hat. Er ist der erste, der immanente und also historische Kritik übt; er ist der Begründer der historisch-kritischen Bibelforschung.

Wenn wir, so können wir seine Meinung formulieren, irgendwelche Objekte des natürlichen oder geschichtlichen Lebens begreifen wollen, so müssen wir sie als Glieder ihrer Gattung fassen und von hier aus zu erklären suchen. Wie wir die Kriterien zur Beurteilung der Natur aus der Natur selbst entnehmen, so haben wir unsere ganze Erkenntnis der Schrift aus der Schrift und nur aus ihr zu schöpfen (VII, 13). Wir

[1]) Vgl. zu diesem Abschnitt C. Siegfried, Spinoza als Kritiker und Ausleger des Alten Testaments, Naumburg 1867, und J. C. Matthes, De bijbelcritiek van Spinoza, in Teyler's Theologisch Tijdschrift VII, 1909, S. 151—173.

müssen uns geflissentlich hüten, irgendwelche fremden Vorstellungen in die Bibel hineinzutragen; denn das Wesen einer jeden Exegese besteht darin, nicht nach der Wahrheit des Inhalts zu fragen, sondern den wahren, wirklichen Inhalt zu ermitteln (was natürlich nicht hindert, noch nachträglich die Wahrheitsfrage zu stellen; XV, 8). Was uns für die Erklärung nottut, ist, um es mit einem Wort zu sagen, eine „Geschichte der Schrift", wie er es nennt, oder mit einem modernen Ausdruck: eine Literaturgeschichte des Alten und des Neuen Testaments (VII, 7 ff.). Die grundlegenden Vorarbeiten betreffen die Sprache der Bibel. Wir müssen die hebräische Sprache – Spinoza beschränkt sich auf das Alte Testament – in ihrer Natur und allen ihren Eigentümlichkeiten kennen lernen; sie ist für ein wirkliches Schriftverständnis die conditio sine qua non (VII, 15). Wir brauchen daher ein Wörterbuch, eine Grammatik, eine Syntax (VII, 45), namentlich aber auch eine Phraseologie (VII, 46) und eine Konkordanz, die, nach Hauptgesichtspunkten geordnet, alles enthält, was sich über einen und denselben Gegenstand in der Bibel findet (VII, 16). Erst nach diesen sprachlichen Studien kommen wir dann zur Literaturgeschichte im engeren Sinne des Wortes. Und nun entwickelt Spinoza in aller Klarheit das Ziel der drei wissenschaftlichen Disziplinen, die auch heute noch in ihrer Gesamtheit als unentbehrliche Unterlage für das Verständnis der biblischen Schriften betrachtet werden:

1. eine Kritik und Geschichte des Textes,
2. eine (zeit- und kulturhistorisch orientierte) Geschichte der Entstehung der einzelnen Bücher (Einleitungswissenschaft) und
3. schließlich: eine Kritik und Geschichte des Kanons (VII, 23 – 25; 58 – 63).

Erst wenn diese „Geschichte der Schrift" in vollem Umfang vorliegt, können wir darangehen, den Sinn der Propheten und des heiligen Geistes zu erforschen, d. h. also: eine Theologie des Alten und des Neuen Testamentes zu schreiben. Sie hat vom Allgemeinen Stufe für Stufe zu den minder allgemeinen Dingen fortzuschreiten und so, von der gefundenen Grundlage aus alles Unklare beleuchtend, den ganzen Sinn der Schrift zu erklären und zu bestimmen (VII, 26 ff.).

Aber angesichts dieser unendlichen Vorarbeiten, von denen zu seiner Zeit noch keine in Angriff genommen war,[1]) gesteht Spinoza rundweg:

[1]) Spinoza selbst sucht, so viel an ihm ist, diesen Mangel auszugleichen. Wie er eine allerdings unvollendet gebliebene hebräische Grammatik geschrieben hat (vgl. hierzu J. Bernays' Aufsatz „Über Spinozas hebräische Grammatik" in seinen „Gesammelten Abhandlungen", Berlin 1885, Bd. II, S. 342—350), so wendet er auch gleich seine methodischen Prinzipien auf die Einleitungsfragen zu den Büchern des Alten Testamentes an, und mit dem sicheren historischen Empfinden, das ihn schon bei der Aufstellung der Methode leitete,

bei den meisten Stellen kennen wir den Sinn der Schrift entweder gar nicht oder vermuten nur aufs Geratewohl, ohne Gewißheit (VII, 65). Indessen soll sich dieses Urteil nicht auf die zum Heil notwendigen Bestandteile der Schrift beziehen, d. h. auf die Lehren der wahren Frömmigkeit. Diese sind so allgemeingültig, einfach und verständlich, daß in diesem Punkt der Sinn der Bibel niemals entstellt werden kann (VII, 65 ff.).[1]

gelingt es ihm auch hier, dauernde Werte zu schaffen und Antworten der kommenden Jahrhunderte vorwegzunehmen. Seine hauptsächlichsten Resultate sind folgende: Der Pentateuch ist nicht von Moses geschrieben; so dekretiert er mit aller Bestimmtheit. Ebensowenig sind die Bücher Josua, der Richter, Samuelis und der Könige von denen verfaßt, die in der Überschrift angegeben sind. Und nun ein genialer Blick in den inneren Zusammenhang, der zwischen allen diesen Büchern waltet: Die Schriften von der Genesis bis zum II. Buch der Könige bilden einen großen, zusammenhängenden Geschichtsbericht, beginnend mit der Schöpfung der Welt und endend mit dem Untergang des jüdischen Reiches; das Ganze ein groß angelegtes Drama der Theodizee. Daß Spinoza diese Schriften insgesamt *einem* Verfasser zuschreibt und ihn — allerdings nur hypothetisch — in Esra erblickt, vermag die Bewunderung für seinen historischen Takt nicht zu verkürzen. Der gleiche sichere Blick für das Problematische zeigt sich bei der Kritik des Deuteronomiums; er spürt schon die Besonderheit der Stellung dieses Buches im Rahmen des Pentateuchs, ohne allerdings eine zulängliche Lösung zu bieten. Daß die Schriften der Propheten uns nach seiner Meinung nur in Bruchstücken vorliegen, daß er die chronologischen Schwierigkeiten im Alten Testament mit aller Deutlichkeit erkennt, daß er sich noch eingehend und fruchtbar mit den Randbemerkungen in den hebräischen Handschriften beschäftigt, alles dies soll hier nur angedeutet werden, um die Tiefe und den Umfang seiner kritischen Studien zu belegen (Kap. VIII—X). Sie auch auf das *Neue Testament* auszudehnen, lehnt er ab mit der Begründung, daß seine Kenntnis der griechischen Sprache für diesen Zweck nicht hinreichend sei (X, 48). Wenn man jedoch bedenkt, daß Spinoza eine ganze Reihe von Grammatiken und Wörterbüchern der griechischen Sprache besessen hat (s. das Verzeichnis seiner Bibliothek bei Freudenthal Lg., S. 160 ff.), wird man mit der Annahme nicht fehlgehen, daß die Beschränkung auf das Alte Testament lediglich taktischen Erwägungen entsprungen ist.

[1]) Spinoza kann den gleichen Gedanken auch so ausdrücken: eine Verfälschung des wesentlichen Bibelinhalts ist völlig unmöglich; denn er ist ja nichts anderes, als das ewige Gotteswort und die wahre Religion, die dem menschlichen Geist von Gott her eingeschrieben ist (XII, 1 f.). Was menschliche Böswilligkeit hiervon in der Schrift hätte auslöschen wollen, hätte die allgemeine Grundlage sogleich wieder vorgeschrieben. So darf man also den Schluß ziehen, daß das allgemeine göttliche Gesetz in seiner Gesamtheit, wie die Schrift es lehrt, unverfälscht auf uns gekommen ist (XII, 37 f.). Und gerade sofern die Bibel die wahre Religion enthält, ist Gott ihr Urheber (XII, 23), heißt sie verbum Dei (His ostendimus Scripturam ratione religionis tantum sive ratione legis divinae universalis proprie vocari verbum Dei; XII, 32). Die Harmonisierungstaktik hat an diesen Stellen, wie überhaupt in Kap. XII, einen geradezu sinnverwirrenden Ausdruck erhalten; die Vernunftreligion ist sans phrase an die Stelle der Offenbarungsreligion getreten, beide sind nach Form und Inhalt ein und dasselbe. Ob wir wegen dieser schlechthinigen Identifikation beider

Wie beantworten sich nun für Spinoza die Fragen nach der Grundlage und dem Inhalt der Offenbarungsreligion im Lichte seines exegetischen Kanons?

b) Die religionspsychologische Grundlage der Offenbarungsreligion.

Spinoza will, wie er nochmals versichert, über die Offenbarungsreligion eine ganz objektive Darstellung geben, die er lediglich der Bibel entnimmt. Denn für Fragen, die außerhalb des rationalen Erkennens liegen, ist die Vernunft nicht zuständig; wir haben uns daher an das zu halten, was uns die Propheten selbst über die Offenbarung sagen. Da es nun heute keine Propheten mehr gibt, so sind wir an das gebunden, was sie uns schriftlich in der Bibel hinterlassen haben (I, 7). Spinoza kommt bei dieser exegetischen Arbeit zu folgendem Ergebnis.

Es gibt Offenbarung, denn es gibt Prophetie. Prophetie und Offenbarung sind identisch. Prophetie oder Offenbarung ist die von Gott geoffenbarte sichere Erkenntnis (certa cognitio; I, 1). Sie ist in den Grundlagen wie im Gegenstand von der natürlichen Erkenntnis völlig verschieden (Praef. 27). Sie findet sich wie die allgemeine Vernunfterkenntnis zwar bei allen Völkern (III, 31), ist aber trotzdem eine Gabe, die nur wenigen und diesen wenigen nur selten verliehen wird (I, 47). Es ist dies eine Folge ihrer Eigenart. Die Bibel zeigt ja mit Evidenz, daß die Propheten nicht Männer von hervorragender intellektueller Begabung waren; was sie auszeichnete, war moralisches Streben und Leben und — darauf ruht hier der Hauptton — eine hochentwickelte Vorstellungskraft (II, 1). Sie haben die Offenbarungen Gottes empfangen durch Vermittlung von Worten oder Bildern, wirklichen oder imaginären (I, 43). Die Grundlage der Offenbarung ist also nicht die ratio, sondern die imaginatio.[1]) Es liegt im Wesen

Religionsformen Kapitel XII für einen älteren Bestandteil des Traktats erklären müssen, wie Maurer (a. a. O., S. 4, S. 29 Anm. und 62 Anm.) will, darf bezweifelt werden. Sie ist auch, worauf schon hingewiesen ist (s. oben S. 11), in der Praefatio und Kapitel XIX, übrigens auch ep. 43 (VL. II, S. 172) nachweisbar und findet, wie wir gezeigt haben, ihre hinreichende Erklärung in der apologetischen Tendenz des Traktats. Die durchgehende Identifikation in Kapitel XII mag sich einfach aus dem gestellten Thema erklären: in welchem Sinne die Schrift als heilige Schrift und als Gotteswort anzusehen ist?

[1]) Die imaginatio ist nach der Ethik (II, Prop. 13 ff.) die der ratio entbehrende, auf bloßer Sinneswahrnehmung beruhende Erkenntnis. Als solche erfaßt sie die Dinge bloß in ihrer Isoliertheit, nicht in ihrer Totalität, d. h. nicht als Glieder einer zusammenhängenden Ordnung und kann demgemäß auch das Wesen der Dinge nicht ergründen. Sie ist verworren, unvollständig, inadäquat, eine nach Ursprung und Inhalt durchaus unvollkommene Art des Erkennens.

dieser sich in der Sphäre der Phantasietätigkeit auswirkenden Offenbarung, daß sie nicht reine und adäquate Erkenntnis bietet, sondern, wie alle durch das Medium der Sinnlichkeit aufgenommene Erkenntnis, getrübt und verworren ist. Gott paßte sich naturgemäß dem Vorstellungsvermögen der Einzelnen an; und so finden wir, daß die im Temperament, Beruf und Vorstellungsniveau gegebenen psychischen Grundlagen des Propheten der Offenbarung ihre eigenartige, subjektiv betonte Färbung aufprägen (II, 13 ff.). Wir werden also bei den Propheten keine besondere wissenschaftliche Belehrung suchen dürfen; auch bei ihnen gilt das Gesetz, daß dem Plus an Vorstellungsvermögen (Phantasietätigkeit) ein Minus an Verstandeskräften entspricht (II, 1).

Aber hatten denn die Propheten irgendeine Gewähr dafür, daß die imaginatio nicht etwa täuschender Schein war, den ihnen eine erhitzte Einbildungskraft vorgaukelte? Es ist wahr, daß die Gewißheit der rationalen Erkenntnis eine weit stärkere, weil unmittelbare ist (II, 6); die Offenbarung bedarf erst einer besonderen Bestätigung. Diese beruht auf einem Doppelten: Erstens auf einem Zeichen (signum; = miraculum), das aber durchaus der Individualität des Einzelnen angepaßt ist (und daher auf Allgemeingültigkeit keinen Anspruch erheben kann; II, 12).[1] So bleibt als wesentliche Stütze der Offenbarung nur übrig jene dem Rechten und Guten zugewandte sittliche Gesinnung, die das grundlegende Charakteristikum aller Propheten gewesen ist (II, 10; III, 37; VII, 11). Die Frommen betört Gott nie (II, 8). Wessen Ziel die sittliche Vollendung ist, der darf dessen sicher sein, daß er von Gott nicht getäuscht wird, daß er wirkliche Erkenntnis empfängt (II, 8 f.). Die Gewißheit der Offenbarung ist also keine mathematisch absolute, sondern eine bloß moralische.

c) Der Kerngehalt der Offenbarungsreligion.

Was die Propheten zu Propheten machte, war also nicht eine stark ausgeprägte Intelligenz, sondern lediglich ein hochentwickeltes Vorstellungsvermögen. Damit ist gegeben, was die Offenbarung nicht lehren kann: alle spekulativ-theoretische Erkenntnis fällt aus dem Rahmen des Geoffenbarten heraus. Wer daher Weisheit und Erkenntnis

---

[1]) Wenn Spinoza hier von einem Zeichen spricht und später dessen Realität leugnet (s. S. 37 ff.), so stimmt das mit unserer Auffassung des Traktats gut überein. Einmal spricht der Exeget, der objektiv den Bibelinhalt wiedergeben will, das andere Mal der Philosoph, der seine eigene Überzeugung vorträgt. In derselben Weise löst sich der Gegensatz im Gottesbegriff. Nach dem Schriftinhalt existiert ein höchstes Wesen, das höchst gerecht und barmherzig ist (s. S. 33); in seiner Vernunftreligion befreit Spinoza den Gottesbegriff von allen solchen Anthropomorphismen (s. S. 44). Der Philosoph darf nicht „phrasibus theologiae uti" (ep. 23; VL. II, S. 106).

der natürlichen Dinge in den Büchern der Propheten suchen will, der ist auf falschem Wege (II, 2). Die Prophetie hat die Propheten niemals gelehrter gemacht (II, 3). Was sich so auf dem Wege logischer Deduktion ergibt, geht auch mit aller Klarheit aus der Schrift hervor. In allen theoretischen Fragen hat sich Gott durchaus den Anschauungen und Vorurteilen der Propheten akkommodiert. Zahlreiche Beispiele zeigen uns die Propheten befangen in den Gedanken ihrer Zeit und in ihren persönlichen Vorurteilen und beherrscht von widersprechenden Anschauungen (II, 23 ff.). Wenn z. B. Moses, um mit Gott zu sprechen, glaubte auf einen Berg steigen zu müssen, so zeigt dies, daß man selbst von dem Gottesbegriff keine adäquate Vorstellung hatte (II, 43).[1]) Wir dürfen also aus alledem den Schluß ziehen, daß wir in keiner Weise gehalten sind, den Propheten in ihren theoretischen Lehren irgendwelchen Glauben zu schenken; wir sind nur verpflichtet, das zu glauben, quod finis et substantia est revelationis; in allem übrigen steht es jedem frei, zu glauben, was ihm beliebt (II, 53). Was ist nun unter der Absicht und der Substanz der Offenbarung zu verstehen?

Es ist klar, daß der Kern der Schrift einen überaus einfachen Inhalt enthalten muß. Die Bibel ist ein Volksbuch, das auf eine breite Masse, ja auf die ganze Menschheit wirken will (V, 38); sie kann daher in ihrem Kern nur Gedanken enthalten, die auch dem beschränktesten Menschen verständlich sind (XIII, 4). Wer sie vorurteilslos liest, kann über ihren Inhalt nicht im unklaren sein; das ganze Gesetz besteht in dem einen, in der Liebe gegen den Nächsten (XIV, 8). Mit dieser Grundlage ist auch das Ziel der Schrift gegeben: sie will nicht gelehrt, sondern gehorsam machen (XIII, 7 f.).[2]) Es handelt sich also nach Spinoza in der Offenbarungsreligion nicht um irgendwelche theoretischen Wahrheiten,

[1]) Überhaupt wußten die Israeliten, meint Spinoza, von Gott so gut wie nichts, obgleich er ihnen offenbart war. Das bewiesen sie zur Genüge durch die Verehrung eines Kalbes, in welchem sie die Götter sahen, die sie aus Ägypten geführt hatten. Und mit Gedanken, die Lessings „Erziehung des Menschengeschlechts" schon im Keime enthalten, heißt es dann weiter: Es wäre auch in der Tat kaum zu glauben, daß Menschen, an den Aberglauben der Ägypter gewöhnt, roh und durch die elendeste Knechtschaft verkommen, eine richtige Erkenntnis von Gott besessen haben sollten (II, 45 f.). Ihrem Bildungsniveau entsprach das pädagogische Verfahren Gottes: ihnen ist die Religion schriftlich als Gesetz übergeben worden, weil sie damals noch wie Kinder behandelt wurden. Aber Moses und Jeremias verkünden eine künftige Zeit, in der Gott ihnen sein Gesetz ins Herz schreiben werde (XII, 3).

[2]) Die gleichen Anschauungen finden sich in den Briefen: die Schrift ist für das Volk bestimmt (ep. 19; VL. II, S. 68); mit tiefsinnigen Spekulationen hat sie daher nichts zu tun (ep. 21; VL. II, S. 97). Ihre Absicht ist nicht, Philosophie zu lehren und die Menschen gelehrt, sondern sie gehorsam zu machen (ep. 78; VL. II, S. 252).

sondern um ein Motiv für eine gottgewollte Lebenshaltung. Beide Testamente stimmen mit aller Deutlichkeit in diesem Punkt überein; sie sind nichts anderes als ein Kompendium der „Lehre vom Gehorsam" (XIV,6). Diese Tatsache erscheint ihm als so selbstverständlich, daß er eines stützenden Beweises völlig entraten zu können meint (XIV, 8). Religion ist ihm Lebenshaltung, Rechtbeschaffenheit, Moral; damit ist ihr Wesen bestimmt. Sollten sich in der Schrift spekulative Elemente finden — dieser Tatsache kann sich Spinoza nicht ganz verschließen —, so betreffen sie eben nur die „Wissenschaft vom Gehorsam", also jene Wissenschaft, die allen Menschen nötig ist, um Gott nach seiner Vorschrift gehorchen zu können, und ohne deren Kenntnis die Menschen notwendig widerspenstig wären oder doch ohne die Zucht des Gehorsams (XIII, 8).

d) Das augenblickliche Zerrbild der Religion und die Ursachen ihrer Depravation.

Wir haben hiermit den Kern der Offenbarung kennen gelernt, wie sie einst durch den Mund der Propheten und der Apostel verkündigt worden ist. Spinoza hätte blind sein müssen, wähnte er diese seine Anschauungen in der Religion seiner Zeit wiederzufinden. Klaren Auges sieht er das Gewirre und Geranke, das um diesen Kern emporgewuchert ist und ihn zu ersticken droht oder ihn gar schon erstickt hat. Die Frömmigkeit, so ruft er beschwörend zugleich und im bitteren Hohn aus, die Frömmigkeit, o ewiger Gott, und die Religion bestehen in wiedersinnigen Geheimnissen; und wer die Vernunft von Grund aus verachtet und den Verstand, als seiner Natur nach verderbt, verwirft und verabscheut, der gilt für — gotterleuchtet. Besäßen die Kirchenmänner wirklich eine göttliche Erleuchtung, so müßte sich dies in der Lehre zeigen. Und wie steht es damit? Gewiß wird man zugeben müssen, bemerkt Spinoza spöttisch, daß sie für die tiefen Geheimnisse der Schrift nicht genug Bewunderung haben zeigen können, aber sieht man näher zu, so lehren sie doch nichts anderes als die Spekulationen eines Aristoteles oder Plato, denen sie die Schrift gewaltsam anpassen, um nicht dem Odium heidnischer Denkungsart zu verfallen! Und wie steht es mit der sittlichen Lebenshaltung? Ob einer Christ, Türke, Jude oder Heide, das sieht man jetzt nur noch an der äußeren Erscheinung und dem Kultus oder daran, daß er fleißig auf die Worte dieses oder jenes Meisters schwört, im übrigen ist der Lebenswandel bei allen der gleiche (Praef. 14—18). Die Religion besteht bei ihnen nicht mehr in Liebe, sondern geradezu in Zwietracht, Haß, Streit und Aufruhr (VII, 3 f.). Was Spinoza an der Kirche seiner Zeit geißelt, ist also: die Versteifung auf ein unverständliches und nach seiner Meinung unverständiges

Mysterium und Hand in Hand damit eine allgemeine unterchristliche Laxheit in der praktischen Lebenshaltung.

Wie hat nun der Kern der Offenbarungsreligion so im Innersten entstellt werden können? Welches sind die Faktoren, die diese Entwicklung herbeigeführt haben? Es ist hier der Ort, Spinozas Anschauungen über den Aberglauben darzulegen. Sie finden sich in der Vorrede seines Buches.[1]) Sagt Spinoza an dieser Stelle auch nicht mit konkreter Bestimmtheit, welche Dinge ihm als Aberglauben erscheinen — es gehört dies zu den Vorsichten oder Rücksichten, die an vielen Stellen die Haltung des Traktakts bestimmen —, so kann es doch nicht einen Augenblick zweifelhaft sein, daß er gerade in den „positiven" Bestandteilen der Religion ein Produkt abergläubischer Gesinnung erblickt.[2]) Doch lassen wir ihn selbst zu Worte kommen.

Der Aberglaube — so meint er — ist ein Produkt der Furcht. Es ist ein Charakteristikum menschlicher Schwäche, die Dinge dieses Lebens nicht mit planvoller Besonnenheit und Stetigkeit auszuführen, sondern in maßlosem Streben nach ungewissen Glücksgütern bald nach diesem, bald nach jenem zu haschen. So kommen die Menschen nicht zur inneren Ruhe, sondern schwanken zwischen Furcht und Hoffnung hin und her. Gerade diese schwankende Grundstimmung ihres seelischen Seins bringt es mit sich, daß sie ohnerachtet ihres sonstigen Allwissensdünkels alles Beliebige glauben, was man ihnen an unsinnigen und abenteuerlichen Ratschlägen auftischt. Widerfährt ihnen in dieser ihrer Ratlosigkeit gar noch etwas Ungewohntes, was sie in großes Erstaunen versetzt, so halten sie dies in ihrer geistigen Verblendung für ein Wunder, das den Zorn der Götter oder des höchsten Wesens künde, und irreligiös, wie sie einmal sind, meinen sie, es mit Opfern, Gelübden und allerhand Zeremonien sühnen zu müssen. Anstatt der Vernunft zu vertrauen, schelten sie diese eitel und glauben mehr den Ausgeburten ihrer Phantasie; suchen den Beschluß der Gottheit nicht etwa im Geiste, sondern wähnen ihn in

[1]) Ich habe mich nicht von Paul-Louis Couchoud (Benoit de Spinoza, Paris 1902, S. 89 f.) überzeugen lassen, daß die Vorrede des Traktats — wie die einleitenden Bemerkungen zu den Prinzipien der cartesianischen Philosophie — von Spinozas Freund Ludwig Meyer geschrieben worden sei. Es wäre auch ein höchst sonderbares Verhalten Meyers, die Vorrede zu einem Buch zu verfassen, das sich in der Bibelexegese stillschweigend, aber deutlich gegen seine eigene Schrift „Philosophia S. Scripturae Interpres" wendet, und das, wie es scheint, eine Entfremdung zwischen beiden Männern zur Folge hatte. Übrigens gesteht Couchoud selbst, daß einige Partien der Vorrede von Spinoza herrühren müssen.

[2]) In diesem Sinne heißt es ep. 76 (VL. II, S. 246), „daß alles, was die römische Kirche von anderen unterscheidet, ganz und gar überflüssig ist und folglich allein vom Aberglauben herrührt."

den Eingeweiden der Tiere oder bei Toren, Narren und Vögeln zu finden (Praef. 1—4).

Der Aberglaube ruht also im Affekt und zwar im allerwirksamsten. Es liegt daher in seinem Wesen, daß die Menschen nicht bei den einmal angenommenen Phantasiegebilden verharren, sondern sich bald diesen, bald jenen neuen Wahnvorstellungen hingeben, die sich noch nicht als trügerisch erwiesen haben. So bleiben sie in beständiger Unruhe; Aufruhr und Kriege sind schon oft die Folgen dieser Unbeständigkeit gewesen. Unter dem Schein der Religion lassen sie sich dazu verleiten, bald ihre Könige als Götter zu verehren, bald ihnen zu fluchen und sie gleich einer Pest der Menschheit zu verabscheuen. Um solchem Übel vorzubeugen, hat man große Mühe darauf verwandt, die Religion mit soviel Formen und Gebräuchen auszustatten, daß sie über alles bedeutungsvoll erschiene und jeder ihr stets die höchste Ehrerbietung entgegenbrächte. Damit sollte die Ruhe gesichert sein (Praef. 7—9).

Aber die Herrscher sind es nicht allein, die dazu beigetragen haben, die Religion zu verschlechtern; nicht minder sind die Priester dessen schuldig: so urteilt Spinoza, unhistorisch genug, mit einer weit verbreiteten Überzeugung des aufklärerischen Denkens. Seitdem es in der Kirche Mode geworden, die Geistlichen über alle Maßen in Ehren zu halten, haben sich ehrstrebende und habsüchtige Elemente in ihr breit gemacht; das Gotteshaus sank zum Theater herab, in welchem die Priester in marktschreierischer Pose um die Gunst der Massen buhlten und deren niederen Instinkten ihr Opfer brachten. Kein Wunder daher, daß von der alten Religion nichts mehr geblieben ist als ihr äußerer Kultus, und daß der Glaube in Leichtgläubigkeit und Vorurteilen besteht (Praef. 15 f.).

Die Herrscher und vor allem die Priester sind also nach Spinoza die Förderer und Anwälte des Aberglaubens; alle drei Faktoren im Bunde haben das heutige Zerrbild der Religion geschaffen. Wie haben wir nun, so fragen wir weiter, über diese entstellten, d. h. also über die positiven Bestandteile der Religion zu urteilen? Wir stellen, wie billig, die Betrachtung der Dogmen an die Spitze dieser Ausführungen.

e) Die positiven Bestandteile der Offenbarungsreligion.

Dogmen. Für Spinoza ist – wir erinnern uns daran – Religion Gehorsam gegen Gott und seine Gebote; theoretische Fragen spielen in ihr keine Rolle, sie gehören in das Gebiet der ratio. Damit ist gesagt, daß die Dogmen kein integrierender Bestandteil der Religion sind. Vernunftgemäße Erkenntnis Gottes z. B. ist, wie die Schrift zeigt, keine Gabe, die allen Gläubigen gemeinsam ist. Die Schrift spricht von Händen, Füßen, Augen, Ohren Gottes usf. und zeigt damit, daß in diesen spekulativen Fragen die Gläubigen durchaus keine adäquate Erkenntnis besaßen (XIII, 25). Was die Gläubigen zu Gläubigen macht, ist nicht die Erkenntnis Gottes, sondern der Gehorsam gegen Gott, d. h. also praktisch: die Liebesbetätigung gegen den Nächsten. Dieses Gebot ist die einzige Norm des ganzen allgemeinen Glaubens (fidei catholicae), und danach allein sind alle Glaubenssätze zu bestimmen, die jeder anzunehmen verpflichtet ist (XIV, 8 – 10). Ohne gewisse Normalwahrheiten geht es nämlich nicht ab; denn Glauben ist für Spinoza nichts anderes, als dasjenige von Gott denken, mit dessen Unkenntnis der Gehorsam gegen Gott hinfällig wird, und was mit diesem Gehorsam notwendig gegeben ist (XIV, 13). Sind aber die Dogmen nichts anderes als Postulate der praktischen Vernunft – wie wir die Meinung Spinozas umschreiben können –, so folgt, daß es bei ihnen nicht auf intellektuelle Wahrheit ankommt, sondern lediglich darauf, daß sie sittliche Impulse auslösen. Mögen sie auch nicht einen Schatten von Wahrheit besitzen; das tut nichts, sobald sie die Triebfeder sittlichen Handelns sind. Die Schrift verurteilt ja auch ihrem unintellektualistischen Charakter entsprechend nicht die Unwissenheit, sondern den Ungehorsam (XIV, 20 f.). Spinoza geht sogar noch einen Schritt weiter, indem er andeutet: wahr ist nur der Glaube, der die Menschen zum Gehorsam vermag (XIV, 14 ff.). Er nähert sich damit, ohne allerdings mit diesem Gedanken Ernst zu machen, dem Standpunkt des modernen Pragmatismus, der ja auch in den (Glaubens-)Überzeugungen der Menschen nur Leitmotive für ihr praktisches Handeln sieht und den Beweis für die Wahrheit eines Gedankens in den praktischen Konsequenzen erblickt. Es liegt in der Natur der Sache, daß es dann ein für alle verbindliches Glaubenssystem im Sinne der Kirche nicht geben kann: die Motivationskraft der Dogmen ist ja völlig abhängig von der psychischen Eigenart des Einzelnen. Was den einen zur Verehrung stimmt, reizt den andern zur Verachtung und zum Lachen. Zum *allgemeinen Glauben* gehören darum nur solche Dogmen, über die kein Streit sein kann, d. h. die Dogmen, die der Gehorsam gegen Gott unbedingt voraussetzt, und mit deren Unkenntnis der Gehorsam gegen Gott schlechthin unmöglich wäre (XIV, 22 f.). Es sind deren sieben; sie stellen nach Spinoza den Sinn der ganzen Schrift dar (XV, 24):

1. Es gibt einen Gott, d. h. ein höchstes Wesen, das höchst gerecht und barmherzig oder ein Vorbild wahrhaftigen Lebens ist.
2. Gott ist einzig.
3. Gott ist allgegenwärtig.
4. Gott hat das höchste Recht und die höchste Herrschaft über alles.
5. Die Verehrung Gottes und der Gehorsam gegen ihn besteht bloß in der Gerechtigkeit und in der Liebe oder der Nächstenliebe.
6. Alle, die in dieser Lebensweise Gott gehorchen, sind selig, die übrigen aber, die unter der Herrschaft der Lüste leben, verworfen.

7. Gott verzeiht den Reuigen ihre Sünden.

Diese Glaubensartikel sind die Fundamentaldogmen, ohne die eine rechte Gehorsamserfüllung gegen Gott nicht möglich ist. Etwas davon wegnehmen, heißt den Gehorsam aufheben; sie sind, um den Ausdruck noch einmal anzuwenden, die unentbehrlichen Postulate der praktischen Vernunft. Alle sonstigen metaphysischen Spekulationen sind dem Belieben des Einzelnen zu überlassen. Ob einer annimmt, daß Gott Feuer, Geist, Licht, Gedanke ist, daß Gott die Dinge aus Freiheit oder nach Naturnotwendigkeit leitet, daß er die Gesetze als Herrscher vorschreibt oder sie als ewige Wahrheiten verkündet, daß der Mensch aus freiem Willen oder aus der Notwendigkeit des göttlichen Ratschlusses Gott gehorcht, und daß endlich die Belohnung der Guten und die Bestrafung der Bösen auf natürlichem oder auf übernatürlichem Wege erfolgt usf., — diese und ähnliche Fragen sind absolut freizugeben.[1]) Ja jeder ist geradezu verpflichtet, diese Gedanken seiner Fassungskraft anzupassen und sie sich so auszulegen, wie er glaubt, daß er sie leichter und ohne jedes Bedenken annehmen kann, um Gott aus ganzem Herzen zu gehorchen (XIV, 30 ff.). Denn es kommt, wie Spinoza immer wieder betont, nicht auf die objektive Wahrheit der Dogmen an. Wahrheit ist das Ziel rationalen Erkennens; der Glaube (=Theologie) hat es einzig und allein mit Frömmigkeit und Gehorsam zu tun (XIV, 47 f.). Nicht wer die besten Gründe für sich hat, hat deshalb auch notwendig den besten Glauben, sondern derjenige, der die besten Werke der Gerechtigkeit und der Liebe aufzuweisen hat. Glaube, was du willst, und tue, was du sollst: das ist die goldene Lebensregel, in die letzten Endes die ganze Beweisführung ausmündet. Croyez mille vérités: si votre vie est mauvaise, vous serez damné. Croyez mille erreurs: si votre vie est chrétienne, vous serez sauvé.[2])

Christologie. In der Dogmatik der Kirche nimmt die Lehre über Christus, seine Person und sein Werk, die vornehmste Stellung ein; sie bildet den Angelpunkt ihres ganzen Glaubenssystems. Wie stellt sich Spinoza dazu?

Wir dürfen von vornherein annehmen, daß dieser ganze Bau voll scharfsinniger Subtilitäten, an dem 1500 Jahre mit rastlosem Eifer gearbeitet hatten, für Spinoza nicht existiert. Mit dürren Worten erklärt er im Hinblick auf die Lehre von dem menschgewordenen Gott, daß er diese nicht begreife (I, 24). „Ja offengestanden", so fügt er erläuternd in einem Briefe hinzu, „offengestanden scheint mir diese Rede nicht weniger widersinnig zu sein, als wenn mir jemand sagte, der Kreis habe die

[1]) Man beachte, daß diese Fragen in ihrer einen Hälfte konstitutive Gedanken der Vernunftreligion sind und also echt spinozistisches Gut: ein beiläufiger Beweis für das deutliche Bestreben Spinozas, seiner Vernunftreligion die Wege zu ebnen. [2]) Couchoud, a. a. O., S. 122.

Natur des Quadrats angenommen" (ep. 73; VL. II, S. 240). Es ist die einzige Kritik, die wir über diesen Punkt bei Spinoza finden; er gilt ihm damit für abgetan.

Umfassender ist die positive Darstellung, die er von Christi Person und Werk entwirft. Hatten die Propheten, wie wir hörten, nur ope imaginationis ihre Offenbarungen empfangen, hatte Moses, wie die Schrift berichtet, mit Gott von Angesicht zu Angesicht gesprochen (I, 24), so nimmt Christus eine ganz einzigartige Stellung ein. Ihm ist der Heilsplan Gottes ohne Worte und Gesichte, ganz unmittelbar geoffenbart worden (I, 23); Christus ist also nicht sowohl Prophet, als vielmehr der Mund Gottes; durch seinen Geist hat Gott der Menschheit Offenbarungen zuteil werden lassen (IV, 31).[1]) In diesem Sinn können wir auch sagen, die Weisheit Gottes, d. h. eine Weisheit, die über alle menschliche erhaben ist, habe in Christo menschliche Natur angenommen und Christus sei der Weg des Heils gewesen (I, 23). Damit ist etwas anderes gegeben. Christus hat, wie wir annehmen müssen, die geoffenbarten Dinge wahr und adäquat, weil pura mente begriffen; von einer Akkommodation Gottes an seine Anschauungen kann schon deshalb nicht die Rede sein, weil Christus ja nicht nur für die Juden, sondern für die ganze Menschheit bestimmt war, sein Geist also den allgemeinen und wahren Begriffen (notionibus communibus et veris) angepaßt sein mußte. Er hat also auch nicht, wie die Propheten, von Gott die imaginäre Vorstellung eines Fürsten und Herrschers gehabt. Wenn er trotzdem einmal seine Offenbarungen in Gesetzesform verkündete, so paßte er sich damit lediglich dem Geist des Volkes an (IV, 31 ff.; vgl. II, 56). Christus ist ja nicht gesandt worden, um Gesetze zu geben, sondern um das allgemeine Sittengesetz, die lex universalis zu lehren (V, 9). Sofern also Christus die geoffenbarten Dinge wahr und adäquat ergriffen hat, ist er für Spinoza der größte Heros der Offenbarungsreligion; als Prediger des allgemeinen Sittengesetzes ist er der Lehrer der Vernunftreligion.

Bei der Frage nach dem Wert oder Unwert der Zeremonien scheidet Zeremonien.

[1]) In dieser Unterschiedenheit zwischen Christus einerseits und Moses und den Propheten andererseits liegt die überragende Bedeutung des Neuen Testaments. Die Unterscheidung zwischen Altem und Neuem Testament hat ihren Grund nicht in einer Verschiedenheit der Lehre, sondern darin, daß die Propheten die Religion als partikulares Landesgesetz verkündigten, während Christus und die Apostel sie als allgemeines Gesetz und allen Menschen predigten (XII, 24). In dieser Formulierung liegt schon, daß die Gesetze des Alten Testamentes eben nur für die Juden bestimmt waren (s. III, 22). Aber Spinoza geht in seiner antijüdischen Stimmung noch weiter und bestreitet geradezu die Zulänglichkeit des Alten Testamentes: daß zum ewigen Leben die Beobachtung der Gebote des Alten Testamentes nicht ausreicht, geht für ihn aus Markus XV, 21 hervor (Annotatio zu III, 21).

Spinoza zwischen denen des Alten und des Neuen Testaments. Die alttestamentlichen Zeremonien sind, wie die Schrift zeigt, Landesgesetze, die nur für die Hebräer eingesetzt sind und demnach nur für sie Geltung haben. Sie verfolgen den ausgesprochenen Zweck, das leiblich-zeitliche Dasein des Volkes zu sichern und zu fördern und dem Staat einen festen innern Halt zu geben (V, 2, 6, 10, 17 ff.). Sie haben, so etwa könnten wir im Sinne Spinozas sagen, den Wert von Polizeimaßregeln, die als solche die Menschen stets daran erinnern sollen: seid untertan der Obrigkeit, die Gewalt über euch hat (V, 30 f; vgl. XVII, 88). In dieser Absicht sind sie von Moses eingeführt worden; in blindem Gehorsam sollte das Volk dem Regierenden folgen, zur Stärkung des Staates und damit letztlich zur Förderung des eigenen leiblichen Wohlergehens (ebenda). Die Glückseligkeit hat mit ihnen nichts zu schaffen (V, 31).

Was die christlichen Zeremonien anlangt, wie Taufe, Abendmahl, Feste, äußerliche Gebete usf., so sind sie — falls sie überhaupt von Christus oder den Aposteln eingesetzt sind! — nur äußere Zeichen der Zugehörigkeit zur allgemeinen Kirche. An ihnen hängt also die Glückseligkeit ebensowenig wie an den alttestamentlichen Zeremonien (V, 32 f.).

Geschichten. Milder urteilt Spinoza, in dem richtigen Verständnis des in ihnen steckenden erzieherischen Wertes, über die Geschichten. Die Bibel, so argumentiert er, ist ein Volksbuch und verfolgt daher diejenige Pädagogik, die zur Erziehung des Volkes nötig ist: d. h. sie sucht die Menschen nicht zu überzeugen auf dem für die Menge unfaßbaren Wege logischer Deduktionen; vielmehr sucht sie ihr Ziel zu erreichen durch erbauliche Erzählungen, die aus der Erfahrung geschöpft und daher der Fassungskraft des Volkes angemessen sind. So werden die rein spekulativen Lehren der Schrift nur aus der Erfahrung begründet, ohne daß Definitionen von diesen Dingen gegeben würden. Zwar kann die Erfahrung keine klare Erkenntnis vermitteln; aber sie kann die Menschen so weit belehren und erleuchten, als erforderlich ist, ihrem Sinn Gehorsam und Demut einzuprägen. Der Glaube an Geschichten ist demnach höchst notwendig und verbindlich für die, die nicht imstande sind, die Dinge klar und deutlich zu erfassen. Wer aber das Charisma rationalen Erkennens besitzt, ist ohne diese Geschichten weit glückseliger als das Volk; hat er doch zu den wahren Anschauungen noch den klaren und deutlichen Begriff (V, 35—41).

Natürlich darf der Satz: die Kenntnis der Geschichten ist für das Volk notwendig, nicht dahin gepreßt werden, als ob nun sämtliche Geschichten, die in der Bibel erzählt werden, gekannt werden müßten. Die Erfüllung dieser Forderung würde die Fassungskraft nicht nur des Volkes, sondern der Menschen überhaupt übersteigen. Es handelt sich nur um die hauptsächlichsten. Das Kriterium ihrer Güte und Brauchbarkeit ist ihr pädagogischer Gehalt. Das Volk braucht nur die Geschichten zu kennen, die am meisten seinen Sinn zum Gehorsam und zur Demut zu bewegen vermögen. Da es aber überdies nicht hinreichend befähigt ist, sich selbst ein Urteil zu bilden, bedarf es der Geistlichen, die es bei der Schwachheit seines Geistes belehren. Die Geschichten an sich tragen also zur Glückseligkeit nichts aus; ihr Wert besteht nur in den heilsamen Anschauungen, die sie vermitteln. Wer die Geschichten der heiligen Schrift liest, ohne seine Lebenshaltung hierdurch beeinflussen zu lassen, der hätte ebensogut den Koran oder Theaterstücke und Chroniken lesen können (V, 41 – 46). Wer sie dagegen nicht kennt, aber reich ist an Früchten wie Liebe, Freude, Friedfertigkeit, Freundlichkeit, Güte, Glaube, Sanftmut und Keuschheit, der ist in Wahrheit von Gott belehrt und allerwege glückselig, mag er nun durch die Vernunft oder durch die Schrift belehrt sein (V, 50).

Den kräftigsten Stoß in seiner kritischen Arbeit führt Spinoza gegen das Wunder; mit unerschrockener Kühnheit legt er die Axt an die Wurzel des Baumes, unter dessen schützendem Geäst die Menschen in den Nöten ihres Glaubens noch stets die Ruhe der Seele gesucht und gefunden hatten. Zu Wundern seine Zuflucht nehmen, heißt ihm nichts anderes, als ein asylum ignorantiae aufsuchen. Wunder.

Er geht, wie es seinem pantheistischen Denken gemäß ist, bei der Erörterung dieser Frage vom Gottesbegriff aus.[1]) Das kosmologische Problem, so können wir in seinem Sinn beginnen, wird zumeist im Sinne eines Dualismus beantwortet: Gott und Natur seien zwei vollkommen getrennte Potenzen dergestalt, daß die Tätigkeit der einen die der anderen ausschließe. Solange die Natur in gewohnter Ordnung dahingehe, ruhe Gott von seinen Werken; erst in ganz außergewöhnlichen Ereignissen komme Gottes Wesen und Art zur klaren Entfaltung. Diese naive Vorstellung ist nach Spinoza völlig unhaltbar; ihr liegt eine falsche Auffassung von Gott und der Natur zugrunde (VI, 1 – 3).

Gott und Natur sind keineswegs gesonderte Kräfte. Die Naturgesetze sind mit Gottes Willen durchaus identisch; dieser tritt in jenen in sichtbare Erscheinung. Wenn daher in der Natur etwas geschähe,

[1]) Daß Spinoza auch im Traktat, wenn er philosophice redet, auf pantheistischem Boden steht, sollte keinem Zweifel unterliegen. Man kann zum Überfluß auf den 73. Brief (VL. II, S. 239) verweisen, der einige Stellen des Traktats klarstellen und Mißverständnisse beseitigen will. Es heißt da wörtlich: „Meine Auffassung von Gott und Natur weicht von derjenigen weit ab, die von neueren Christen vertreten zu werden pflegt. Ich behaupte nämlich, Gott ist die innerliche – immanente, wie man sagt – Ursache aller Dinge, nicht aber die äußerliche. Alles, sage ich, ist in Gott, und alles bewegt sich in Gott ... Wenn aber gewisse Leute meinen, der theologisch-politische Traktat setze die Annahme voraus, Gott und Natur wären eins und dasselbe, so irren sie gründlich."

das mit ihrem Gesetz in Widerspruch stünde, würde es auch dem Ratschluß und der Natur Gottes widersprechen, d. h. Gesetzen, die ewige Notwendigkeit und Wahrheit in sich schließen. Ein Wunder annehmen heißt demnach einen Zwiespalt in Gott voraussetzen. Wir dürfen also den Schluß ziehen, daß in der Natur nichts geschieht, was aus dem Rahmen unwandelbarer Gesetzmäßigkeit herausfällt; in jener festen und unerschütterlichen Ordnung, die das Naturgeschehen darstellt, wo alles nach ewigen ehernen Gesetzen verläuft, bleibt kein Platz für Ereignisse, welche die Kontinuität und den Zusammenhang des Ganzen sprengen. Wunder sind objektiv schlechthin unmöglich (VI, 7—12).

Darüber hilft uns auch die subtile Distinktion zwischen widernatürlichen und übernatürlichen Dingen nicht fort; sie läuft letzten Endes auf ein bloßes Sophisma hinaus. Ob wider die Natur oder über die Natur, beides fällt in gleicher Weise aus dem Kausalnexus heraus und widerstreitet daher den ewigen Naturgesetzen (VI, 27f.). Es bleibt also dabei: Wunder sind objektiv unmöglich. Sie bedeuten nur das Geständnis der Menschen, staunend vor Dingen zu stehen, deren Ursachen sie sich auf natürlichem Wege nicht erklären können. Und in diesem Sinn mag der Ausdruck hingehen (VI, 13).

In dem Gesagten liegt schon, daß den Wundern unmöglich irgendwelche Beweiskraft für die Existenz und das Wesen Gottes zukommen kann. Das Dasein Gottes, das nicht an sich bekannt ist, kann nur aus Begriffen erschlossen werden, deren Wahrheit unerschütterlich feststeht. „Diese Begriffe sind dieselben, mittelst deren wir auch die Natur begreifen; sie sind nur der subjektive Widerschein der objektiven Naturgesetze in uns: durch jeden Widerspruch gegen die Naturgesetze mithin, dergleichen die Wunder wären, würden jene allgemeinen Begriffe erschüttert und mit ihnen unsere auf sie gebaute Überzeugung vom Dasein Gottes wankend gemacht."[1])

Versteht man unter den Wundern dagegen Vorgänge, welche die menschliche Fassungskraft übersteigen, so ist der Glaube an ihre Beweiskraft erst recht absurd. Wer es unternimmt, Gottes Dasein und Sosein aus Vorgängen zu erklären, die uns unverständlich sind, tut nichts anderes, als eine Unbekannte aus einer anderen abzuleiten.[2]) Unsere

[1]) So umschreibt D. F. Strauß die etwas verworrenen und sich im Kreise bewegenden Gedanken Spinozas. Vergl. dessen „Christliche Glaubenslehre", Tübingen 1840, S. 233.

[2]) In diesem Sinne heißt es ep. 75 (VL. II, S. 243): „Wunder und Unwissenheit habe ich als gleichbedeutend genommen, weil diejenigen, die das Dasein Gottes und die Religion auf Wunder zu stützen suchen, eine dunkle Sache durch eine andere noch dunklere, von der sie gar kein Verständnis haben, beweisen wollen."

Gotteserkenntnis wächst nur in dem Maße, als unser Geist ins Innere der Natur dringt und sie klar und deutlich erkennt (VI, 20ff.).

Diesen philosophischen Ausführungen läßt Spinoza noch einen exegetischen Teil folgen, der von den biblischen Wundererzählungen handelt. Es ist nach seiner Meinung eine Eigentümlichkeit jüdischen Denkens, bei der Erklärung von natürlichen Dingen niemals die Mittel- oder Teilursachen zu erwähnen, sondern in frommer Gesinnung alles auf Gott zu beziehen. Wenn sie im Handel Geld verdienen, behaupten sie, Gott habe es ihnen gegeben; hegen sie irgend welche Wünsche, so meinen sie, Gott habe ihr Herz darauf gelenkt. Gott erscheint ihnen als die unmittelbare Ursache alles Geschehens (I, 8). Wer diese ihre Besonderheit nicht beachtet, muß glauben, daß in der Bibel lauter Wunder erzählt werden (VI, 63), während derartige Wendungen, wie: Gottes Ratschluß, Geheiß, Spruch und Wort habe dies oder jenes hervorgebracht, lediglich Anpassungen an landläufige Vorstellungen sind und nichts anderes bedeuten als das Wirken und die Ordnung der Natur selbst (VI, 43). Wenn z. B. im Johannesevangelium Kap. 9 von verschiedenen Nebenumständen berichtet wird, deren sich Jesus bediente, um den Blinden zu heilen, so zeigen sich hierin solche natürlichen Mittelursachen; wir werden daher diese die Geschichtlichkeit der Wunder verbürgenden Nebenumstände auch da voraussetzen dürfen, wo sie in der Bibel nicht besonders angegeben sind (VI, 47 f.).[1]) Spinozas Meinung ist also, daß

[1]) Für ein Wunder ist ihm selbst dies Argument kein Beweis für seine Geschichtlichkeit, nämlich für die Auferstehung Jesu. Er sagt darüber in seinen Briefen: „Ich gebe zwar zu, daß auch sie von den Evangelisten mit solchen Nebenumständen erzählt wird, die nicht bestreiten lassen, daß die Evangelisten selbst geglaubt haben, der Leib Christi sei auferstanden und gen Himmel gefahren und sitze zur Rechten Gottes, und daß dies nach ihrer Meinung auch von Ungläubigen hätte gesehen werden können, wenn sie ebenfalls da zugegen gewesen wären, wo Christus den Jüngern erschien. Indessen unbeschadet der Lehre des Evangeliums konnten sie sich hierin getäuscht haben, wie dies auch bei anderen Propheten vorkam" (ep. 78; VL. II, S. 252). „Auch Abraham hat geglaubt, Gott habe bei ihm gespeist, und alle Israeliten haben geglaubt, Gott wäre, in Feuer gehüllt, vom Himmel auf den Berg Sinai herabgestiegen und habe mit ihnen unmittelbar gesprochen; während doch das und vieles andere dieser Art Erscheinungen oder Offenbarungen waren, der Fassungskraft und den Meinungen derjenigen Menschen angepaßt, denen Gott damit seinen Geist offenbaren wollte. Daher ziehe ich den Schluß, daß die Auferstehung Christi von den Toten in Wahrheit eine geistige gewesen und allein den Gläubigen gemäß ihrer Fassungskraft offenbart worden ist; nämlich daß Christus mit Ewigkeit begabt war und von den Toten (ich verstehe hier die Toten in dem Sinne, in welchem Christus sagte: „Lasset die Toten ihre Toten begraben") auferstand, indem er im Leben ebenso wie im Tode ein Vorbild außerordentlicher Heiligkeit gab. Und insofern hat er seine Jünger vom Tode erweckt, sofern sie selbst diesem Vorbild seines Lebens und Todes nachfolgten. Es würde nicht schwer

sich alles, was in der Bibel erzählt wird, auf natürlichem Wege zugetragen hat (VI, 44). Nun finden sich allerdings Erzählungen, die sich augenscheinlich nicht auf natürliche Ursachen zurückführen lassen: daß die Sünde der Menschen oder ihre Gebete die Ursache von Regen oder der Fruchtbarkeit der Erde seien, daß Glaube Blinde zu heilen vermag und dergleichen mehr. Derartige Wendungen haben wir eben wieder, meint Spinoza, auf das Konto der Einkleidung zu setzen. Die Bibel erzählt die Dinge in pädagogischer Abzweckung und paßt sich daher den Vorstellungen der Hörer und Leser an, um desto leichter und intensiver ihre Phantasie beeinflussen zu können. Mithin haben wir in solchen Geschichten dichterische Ausmalungen von natürlichen Vorgängen zu sehen oder auch nur Produkte der Anschauungen und Vorurteile des Schreibers (VI, 49 f.). Gerade mit dem letzten Faktor haben wir um so mehr zu rechnen, als die Gabe objektiver Geschichtsdarstellung nur sehr wenigen Menschen verliehen ist. Die meisten werden so sehr von ihren vorgefaßten Meinungen beherrscht, daß sie, was sie sehen oder hören, unwillkürlich mit ihren Vorurteilen amalgamieren und so ein mehr oder minder neues Gebilde hervorbringen, das den Stempel ihrer persönlichen Eigenart trägt (VI, 53 f.). Um daher aus allen subjektiven Zutaten den Kern der Erzählung herauszuschälen, müssen wir den Ideenkreis der Erzähler kennen lernen und uns auch mit den Ausdrücken und Redewendungen der Juden bekannt machen. Erst dann werden wir ein gesichertes Urteil über die Wundererzählungen fällen können; aber dann werden wir auch zu der Erkenntnis kommen, daß sich in der Schrift fast nichts findet, was der natürlichen Erleuchtung widerspräche. Sollten sich aber trotzdem, so fügt Spinoza einschränkend hinzu, Dinge nachweisen lassen, die den Naturgesetzen widerstreiten, so sind sie von ruchlosen Händen nachträglich eingefügt worden. Denn was gegen die Natur ist, ist auch gegen die Vernunft, und was gegen die Vernunft ist, ist widersinnig und darum auch zu verwerfen (VI, 51).

Wir können es uns nach diesen theoretischen Auseinandersetzungen ersparen, eine Probe von Spinozas Wunderexegese zu geben; er steht hierin, wie aus dem Gesagten leicht erkenntlich ist, ganz auf dem Standpunkt der Kritik oder vielmehr der Halbkritik des Rationalismus, der „die Wirklichkeit des erzählten Vorgangs voraussetzt und nur die Erklärung desselben in natürlichen statt übernatürlichen Ursachen sucht; er tut noch nicht den letzten Schritt der konsequenten Kritik, welche die

sein, die gesamte Lehre des Evangeliums nach dieser Hypothese zu erklären. Ja, nur mit dieser Hypothese kann man das 15. Kapitel der I. Epistel an die Korinther erklären und die Beweisgründe des Paulus verstehen, während diese nach der gewöhnlichen Hypothese als unhaltbar erscheinen und sich leicht widerlegen lassen" (ep. 75; VL. II, S. 244).

ganze Wundererzählung aus dem Gebiet des Wirklichen in das der Vorstellung verweist und, statt die Wundergeschichten aus Ursachen der Natur erklären zu wollen, vielmehr den Wunderglauben aus Gründen und Motiven des Bewußtseins erklärlich macht".[1])

f) Das Gewißheitsproblem in der Offenbarungsreligion.

Es bleibt für unsere Betrachtung der Offenbarungsreligion nur noch eine Frage übrig, freilich die wichtigste und schwierigste: Wie steht es mit der Gewißheit des Offenbarungsgehalts? Das Grunddogma der Theologie, daß der Mensch auch durch Gehorsam gegen die göttlichen Gebote selig werde, entzieht sich, so argumentiert Spinoza, unserer rationalen Beurteilung. Hierin liegt, daß ihm mathematische Gewißheit nicht zukommt. Dessenungeachtet können wir im Blick auf die Propheten und den Inhalt der Offenbarung ihr wenigstens moralische Gewißheit zuerkennen. Denn naturgemäß können wir von der Offenbarung keine höhere Gewißheit erwarten als die Propheten selbst, deren Gewißheit ja, wie wir wissen (s. oben S. 28), gleichfalls nur eine moralische war (XV, 26 ff.). Da sich die Propheten stets durch eine dem Rechten und Guten zugewandte Gesinnung auszeichneten, da sie Liebe und Gerechtigkeit über alles empfahlen, so dürfen wir davon überzeugt sein, daß sie nicht Betrogene und Betrüger waren. Und dieser unser Glaube an den Wahrheitsgehalt ihrer Verkündigung wird noch verstärkt, wenn wir sehen, daß sie keine Moral gelehrt haben, die mit der Vernunft nicht vollkommen im Einklang stünde.[2]) Stimmt doch das Wort Gottes in den Propheten ganz und gar überein mit dem Wort Gottes, das in unserem Innern spricht. So dürfen wir also die Offenbarung ruhig annehmen: „Es wäre ja Torheit, wollte man etwas, was durch das Zeugnis so vieler Propheten beglaubigt worden ist, was den nicht eben Starken im Geiste so vielen Trost gebracht hat, was für den Staat nicht geringen Nutzen bedeutet, und was wir ruhig ohne Gefahr und Schaden glauben dürfen, trotzdem nicht anerkennen und zwar bloß deshalb, weil es nicht mathematisch zu beweisen ist. Als ob wir, um unser Leben weise einzurichten, nur das als wahr gelten lassen dürften, was sich durch keinen Zweifelsgrund in Zweifel ziehen läßt, und als ob nicht die meisten unserer Handlungen sehr ungewiß wären und eine Beute des Zufalls" (XV, 35—37).

[1]) O. Pfleiderer, Geschichte der Religionsphilosophie, 3. Aufl., Berlin 1893, S. 40 f.

[2]) So auch ep. 73 (VL. II, S. 239): Die Gewißheit der göttlichen Offenbarung beruht auf der Weisheit ihrer Lehre.

2. Die Vernunftreligion.

Wir stehen hiermit am Ende unserer Betrachtung der Offenbarungsreligion, die – wir wissen es schon – nur die eine Seite des Gedankengehalts des theologischen Teiles enthält. Neben und über ihr steht (im IV. Kapitel) die Vernunftreligion. Wir schicken ihrer Analyse einige kurze Bemerkungen über ihre erkenntnistheoretische Grundlage voraus.

Die Basis aller wahren, adäquaten Erkenntnis ist für Spinoza die natürliche Erleuchtung, die Vernunfterkenntnis, die sich auf Grundsätzen und Begriffen aufbaut (I, 45). Allen Menschen gemeinsam (I, 2), kann sie geradezu als das erste Mittel der göttlichen Offenbarung angesehen werden (I, 5). Dieses natürliche Wissen hat zum Inhalt nicht nur alle spekulative Erkenntnis, also die theoretischen Wahrheiten mit Einschluß der Gotteserkenntnis (IV, 19), sondern auch die Ethik und die wahre Tugend (IV, 46). So ist ihm die Vernunft die kostbarste Gabe und das göttliche Licht (XV, 10), oder wie er auch sagen kann, sie ist das wahre Licht des Geistes, ohne welches der Geist nur Traumgestalten und Trugbilder sieht (XV, 23). Ihr wohnt daher unmittelbare, mathematischer Evidenz gleichkommende Gewißheit inne (II, 6). Die Vernunft und ihre Vervollkommnung ist mithin für Spinoza ein und alles (IV, 10); mit grandiosem Pathos ruft er aus: „Welchen Altar kann der sich bauen, der die Majestät der Vernunft beleidigt?" (XV, 42.)

Nun zur Analyse der Vernunftreligion. Die lex divina – wie Spinoza, wohl nicht ohne apologetische Absicht, seine Vernunftreligion nennt – hat zum Inhalt das höchste Gut, die wahre Erkenntnis und die Liebe Gottes. Der bessere Teil des menschlichen Selbst ist der Verstand; in der Vervollkommnung des Intellekts liegt daher sein höchstes Gut. Da nun alle unsere Erkenntnis und ihre Gewißheit von der Erkenntnis Gottes abhängt, so ist damit gegeben, daß auch unsere Vollkommenheit von der Gotteserkenntnis abhängt. Denn Gott und Natur – so dürfen wir im Sinne Spinozas hinzufügen – sind nicht voneinander getrennte Größen; in dem Maße als unsere Naturerkenntnis wächst und umfassender wird, wird auch unsere begriffliche Erkenntnis von Gott immer klarer und deutlicher. So geht also letztlich unsere ganze Erkenntnis, d. h. also unser höchstes Gut in der Gotteserkenntnis auf. Da nun offenbar die Vollkommenheit des Subjekts abhängig ist von der Vollkommenheit des Objekts, dem man seine Liebe entgegenbringt, so muß notwendigerweise derjenige die höchste Vollkommenheit besitzen und damit an der höchsten Glückseligkeit teilhaben, der die geistige Erkenntnis Gottes, des allervollkommensten Wesens, über alles liebt. Der amor Dei intellectualis[1]) ist Grund und

[1]) Dieser Ausdruck der Ethik findet sich im theologisch-politischen Traktat nicht; die Sache selbst liegt aber auch hier vor.

Ziel der Seligkeit des Menschen. Die Lebensweise, die zu diesem Ziele der Gottseligkeit führt, heißt mit Recht „lex divina". Ihre Quintessenz ist der Satz: Tue das Gute um des Guten willen. Nur derjenige erfüllt in Wahrheit dieses Gesetz, der Gott zu lieben trachtet nicht aus Furcht vor Strafe oder aus Liebe zu anderen Dingen wie Vergnügungen, Ruhm usf., sondern in der Erkenntnis, daß die Liebe zu Gott das höchste Gut ist, der letzte Zweck und das Endziel alles menschlichen Seins. Zwar wird dem sinnlichen Menschen diese auf Erkenntnis gegründete Liebe zu Gott völlig eitel und nichtig erscheinen; findet er doch nichts in ihr, was er mit den Händen greifen und essen könnte, oder was seiner Sinnenlust Freude machte. Wer aber weiß, daß es nichts Vorzüglicheres gibt als Erkenntnis und einen gesunden Geist, der wird dies zweifellos für das Zuverlässigste halten (IV, 10—16).

Wie verhält sich nun diese lex divina zu den Dingen, die nach landläufiger Überzeugung für die Gottesverehrung wesentlich sind, zu dem Historienglauben und den Zeremonien? Es ist ein ebenso großer wie kühner Gedanke, wenn Spinoza nachdrücklich betont, daß Religion kein historischer Glaube sei. Dieses göttliche Gesetz hat ja universale Gültigkeit; denn es folgt, wie wir gesehen haben, unmittelbar aus der Menschennatur, die überall und stets die gleiche ist, ob sie uns nun in Adam oder sonstwem entgegentritt. Zudem kann auch der Glaube an Geschichten, so gewiß er auch sein mag, uns niemals die Erkenntnis Gottes und folglich auch nicht die Liebe Gottes geben. Oder, um mit Lessing zu reden: Zufällige Geschichtswahrheiten können der Beweis von notwendigen Vernunftwahrheiten nie werden. Damit soll aber, fährt Spinoza fort, dem Glauben an Geschichten ein gewisser Wert für das bürgerliche Leben nicht abgesprochen werden. Sie lehren menschliche Sitten und Verhältnisse in ihrer Vielgestaltigkeit kennen und haben so für die praktische Lebenshaltung des Einzelnen ihren erzieherischen Wert (IV, 18 f.). Aber auch nur dafür, nicht, wie er nochmals hervorhebt, für die Gotteserkenntnis. Wer von diesen Geschichten gar nichts weiß, aber durch natürliche Erleuchtung das Dasein Gottes und die Pflicht seiner Verehrung erkennt, der ist völlig glückselig, ja er ist glückseliger als das gewöhnliche Volk, weil er außer den wahren Anschauungen noch den klaren und deutlichen Begriff hat (V, 40).

Ebensowenig bedarf die in der lex divina gegründete Religion der Zeremonien. Adiaphora, die nur auf Grund einer Satzung für nützlich und gut erklärt worden, nicht von Natur aus gut sind, können nie und nimmermehr von der Vernunft als notwendiges Heilsgut anerkannt werden. Denn die natürliche Erleuchtung fordert nichts, was außerhalb ihres Bereiches läge, sondern nur das, was sich mit völliger Klarheit als ein Mittel zu unserer Glückseligkeit offenbart. Was aber auf Grund einer Satzung gut ist, kann unseren Verstand nicht vervollkommnen.

Und der höchste Lohn dieses Gesetzes, so fügt Spinoza abschließend hinzu, ist das Gesetz selbst; es trägt seinen Lohn in sich selbst, in der Erkenntnis und Liebe Gottes; seine Strafe ist der Mangel dieses Gutes, die Knechtschaft unter der Macht der Sinnlichkeit (IV, 30 f.). Die gewöhnlichen Vorstellungen von Strafe und Lohn haben ihren Grund darin, daß man Gott als Gesetzgeber und Herrscher auffaßt; das entspricht ganz dem gesetzlich-statutarischen Charakter der Offenbarungsreligion. Indes widerstreitet eine solche Anschauung der begrifflichen Idee Gottes. In Gott ist Wollen und Denken notwendig eins; was Gott bejaht oder verneint, schließt daher immer ewige Notwendigkeit und Wahrheit in sich. So wird der Gottesbegriff von allen anthropomorphen Zutaten befreit; über dem Gott der Willkür, der nach Gutdünken Gesetze dekretiert, der gerecht und barmherzig usf. ist, erhebt sich der Eine, Ewig-Unwandelbare, der — aus der Notwendigkeit und Vollkommenheit seiner Natur handelnd — seine Ratschlüsse als ewige Wahrheiten kundtut.[1])

[1]) Am Schluß von Kapitel IV führt Spinoza den Nachweis, daß die Schrift unbedingt die natürliche Erleuchtung und das natürliche göttliche Gesetz empfiehlt IV, 38—50). Die Tendenz ist handgreiflich.

IV.

Spinozas Stellung zur Religion.

Wir stehen hiermit am Ende unserer Analyse des theologisch-politischen Traktats. Sie hat, wie wir uns erinnern, im Rahmen unserer Arbeit nur propädeutischen Wert; ihr Zweck war, uns den Weg zu bahnen zu der Beantwortung der Frage, die den Ausgangspunkt unserer Untersuchung bildete: der Frage nach der Stellung Spinozas zur (Offenbarungs-)Religion. Wie steht es nun hiermit? Ist Spinoza, um gleich mit der Kernfrage zu beginnen, zu den Vertretern christlicher Welt- und Lebensanschauung zu rechnen oder nicht?

Es ist klar, daß wir mit unserer Auffassung des Traktats der Lösung dieser Frage bis zu einem gewissen Grade schon vorgearbeitet haben. Mögen bei der Auffassung und Wertung einzelner Stellen immer noch Schwierigkeiten vorhanden sein — sie ganz zu bereinigen, dürfte wohl überhaupt unmöglich sein —, ein sicheres Ergebnis hat unsere Untersuchung mit voller Evidenz gebracht: jeden Versuch, Spinoza als überzeugten Christen hinzustellen, müssen wir als schlechthin verfehlt ablehnen. Das Nebeneinander von Vernunft- und Offenbarungsreligion im Traktat zeigt zur Genüge, auf welcher Seite wir Spinoza zu suchen haben. Denn der Gegensatz zwischen beiden Religionsformen ist ein fundamentaler; er läßt sich nicht forteskamotieren. Wer auf dem Boden der Vernunftreligion steht, kann nicht zugleich die Offenbarungsreligion als Religion seines Herzens anerkennen und umgekehrt; es handelt sich um ein Entweder — Oder. Um die Differenz in ihrer vollen Stärke zum Bewußtsein zu bringen, stellen wir die unterscheidenden Merkmale in Kürze zusammen. Der Kern der Besonderheit jeder Religion beruht in der religionspsychologischen Fundamentierung. Die Offenbarungsreligion hat, wie die Exegese der Bibel ergibt, zum Organ die imaginatio, während die Quelle der lex divina das Licht der natürlichen Vernunft, der Intellekt ist. Aus diesem fundamentalen Unterschiede ergeben sich alle weiteren Differenzen: das pädagogische Erziehungsmittel der einen ist die in Geschichte und Geschichten niedergelegte Erfahrung; die andere bedient sich des schwierigeren, aber vollkommeneren Mittels der logischen Deduktion (V, 35 ff.). Der erkenntnistheoretischen Besonderheit entspricht auch der psychische Grundton auf beiden Seiten: hüben der amor Dei intellectualis, drüben der Glaubensgehorsam gegen Gott und seine Gebote oder mit anderen Worten: auf der einen Seite eine im Geist des Menschen wurzelnde und damit autonome, auf der andern eine von außen herangetragene, anempfohlene und somit heteronome Moral. Daß schließlich der Gewißheitsgrad auf beiden Seiten ebenfalls völlig verschieden ist, hängt hiermit innig zusammen; das aus dem Geist des Menschen Kommende ist das absolut Sichere, während die imaginatio der Propheten nur moralische Gewißheit besitzt. So bilden Vernunft- und Offenbarungsreligion in ihrer seelisch-geistigen Struktur zwei völlig getrennte Größen; daß sich die beiden divergierenden Linien in einem Punkt treffen, in der praktischen Frömmigkeit, ändert natürlich nichts an der grundverschiedenen Art beider Religionsformen.

Indem sich im Geiste Spinozas die Unterschiede zwischen beiden Religionsarten in dieser Weise spiegeln, indem er die Offenbarungsreligion der Vernunftreligion so unmißverständlich unterordnet, bestimmt sich damit von selbst die Stellung, die er zu beiden einnimmt: seine Religion ist die Vernunftreligion. Das geht aus dem Traktat mit aller Deutlichkeit hervor; der Legimation durch die Ethik bedürfte es nicht erst. Die Offenbarungsreligion lehnt er für seine Person jedenfalls rundweg ab; sie ist ihm ein Anderssein, sie ist für die „nicht eben Starken im Geist".

Dabei müssen wir uns vergegenwärtigen, daß dieses Urteil nicht einmal die Offenbarungsreligion betrifft, wie sie ist, sondern wie sie war und sein sollte; mit anderen Worten: es ist das Urteil über das dürre Gedankengebilde, das Spinoza von der Offenbarungsreligion übriggelassen hat. Die geschichtlich gewordene Religion mit ihren reichen Lebensformen ist ihm, wie wir gehört haben, eine bloße Depravation; sie erscheint ihm als Produkt des Aberglaubens, den Könige und Priester in ihrem Interesse großgezüchtet haben (s. oben S. 31 f.).[1]

Diese ablehnende Stellung Spinozas zur Offenbarungsreligion steht in einem seltsamen Kontrast mit seinem Urteil über den größten Propheten der Offenbarung, über Christus (s. oben S. 34 f.).[2] Hier tut sich ein Problem auf, das geradezu ein Musterbeispiel ist für

[1]) Daß bei dieser Betrachtung der Katholizismus besonders schlecht wegkommt, zeigt die bittere Epistel an den Konvertiten Burgh (ep. 76). — Gegen positive Bestandteile des Christentums wendet sich auch Eth. V. Prop. XXXIV Schol. und Eth. V. Prop. XLI. Schol. (s. Kuno Fischer, 5. Aufl. 1909, S. 617).

[2]) Vergl. hierzu Freudenthal Sp., S. 167 und den Abschnitt: Despinoza und Christus bei St. von Dunin-Borkowski, S. J., Der junge De Spinoza, Münster 1910, S. 460—465.

die Schwierigkeiten, die der theologisch-politische Traktat in sich birgt. Christus hat, so werden wir von Spinoza belehrt, die Offenbarungen Gottes ohne Worte und Gesichte, pura mente, empfangen; er hat die Dinge wahr und adäquat begriffen; er ist gekommen, der Menschheit die lex universalis zu predigen; mit einem Wort: er ist der Lehrer der Vernunftreligion. Was heißt das aber anders, als daß Christus die Philosophie Spinozas, die ja die allein wahre ist (ep. 76; VL. II, S. 247), verkündet hat? Ist dies nun wirklich Spinozas Überzeugung, oder bedeutet die Annahme einer einzigartigen Offenbarung für Christus weiter nichts als tendenziöse Akkommodation? Tatsache ist, daß die eben genannten Formulierungen im Traktat ihr völlig isoliertes Dasein fristen; sie werden nirgends für den Gehalt der Offenbarungsreligion fruchtbar gemacht. Die Lehre der Schrift wird stets als eine Einheit betrachtet (vgl. oben S. 35 Anm.); sie enthält, wie Kapitel XIII, 1—4, die einzelnen Ergebnisse der vorhergehenden Kapitel zusammenfassend, ausdrücklich betont, „nicht erhabene Spekulationen noch überhaupt philosophische Gedanken, sondern bloß die einfachsten Dinge, die auch dem beschränktesten Menschen verständlich sind". Und dies, obwohl Christus der Lehrer der Vernunftreligion, d. h. also eines durch und durch spekulativen Systems gewesen sein soll? Hier klafft ein Zwiespalt, der von Spinoza nicht ausgeglichen worden ist. Also handelt es sich doch um bloße Akkommodation, wenn er Christus adäquate Erkenntnis zugesteht? Der Gedanke der Akkommodation bildet gewiß die ultima ratio bei der Lösung so mancher Schwierigkeiten des Traktats, und er liegt auch in diesem Zusammenhange durchaus nahe. Spinoza würde sich sicher jeden Erfolg seines Buches von vornherein verscherzt haben, wenn er es gewagt hätte, dem Gottmenschen die adäquate Gotteserkenntnis abzusprechen, und seine apologetische Tendenz hätte er hierdurch nicht minder aufs Spiel gesetzt. Aber wer für den Gedanken der Akkommodation plädiert, kommt in harten Konflikt mit einer Äußerung, die sich — in völliger Übereinstimmung mit den Ausführungen des Traktats — im 73. Brief findet. Hier heißt es von „Gottes ewiger Weisheit", daß sie sich „in allen Dingen und am meisten im menschlichen Geiste offenbart, vor allem aber in Christo Jesu" (VL. II, S. 240; ähnlich ep. 75, S. 245). Der Brief will Spinozas Anschauungen offen darlegen (mentem meam aperiam; S. 239) und enthält wirklich in allen übrigen Punkten seine ehrliche Überzeugung. Sollen wir nun für diese eine Äußerung eine Ausnahme machen und sie für tendenziöse Mache erklären? Man wird sich zu diesem Schritt kaum entschließen können; er grenzt an unwissenschaftliche Willkür. Aber was dann? Zwang vielleicht „die gewaltige Persönlichkeit Jesu, der seines Gottes so gewiß war, den Philosophen seinen erkenntnistheoretischen Prinzipien zum Trotz, ihm die adäquate Gotteserkenntnis zuzugestehen"?[1]) Nach allem, was wir von Spinoza wissen, dürfen wir vermuten, daß ihm die erhabene Moral, die in Jesu Worten zum Ausdruck kommt, nur sympathisch gewesen sein kann; an ihr mag ihm der Gedanke der Wahlverwandtschaft aufgegangen sein. Indessen löst auch diese Annahme nicht alle Schwierigkeiten; sehen wir einmal von der erkenntnistheoretischen Inkonsequenz ganz ab, so bleibt doch immer noch die höchst auffällige Tatsache bestehen, daß der Gedanke der adäquaten Erkenntnis Jesu für den Inhalt der Offenbarungsreligion in keiner Weise nutzbar gemacht worden ist. Und darauf haben wir in unserem Zusammenhange den Hauptton zu legen: Mögen die Aussprüche Spinozas über seine Stellung zu Christus wie nur immer gedeutet werden, das Urteil über die Offenbarungsreligion bleibt davon völlig unberührt; sie ist ihm nach wie vor eine Größe zweiten Ranges.

Mit diesen Ausführungen haben wir zuviel und zu wenig behauptet. Zuviel insofern, als wir die Realität der übernatürlichen Offenbarung für Spinoza als zugestanden voraussetzten; zu wenig, als wir den Gedanken, der ihm eine relative Würdigung der Offenbarungsreligion möglich macht, noch nicht genügend hervorgehoben haben. Erst wenn wir diese beiden einander scheinbar ausschließenden Gedankengänge entwickelt haben, schließt sich der Kreis unserer Untersuchungen, und die religionsphilosophische Stellung Spinozas tritt in ihrer ganzen Eigenart zutage.

Können wir also Spinoza, um mit der ersten Frage zu beginnen, zu denen rechnen, die den Supranaturalismus — nun nicht für ihre Person vertreten, aber doch — in seiner Wirklichkeit anerkennen, sei es auch nur in der schwächlichen Form des rationalen Supranaturalismus, etwa des von Locke beeinflußten englischen Deismus oder der in Leibniz' Spuren wandelnden aufgeklärten Theologie und konservativ-rationalen Philosophie Deutschlands im 18. Jahrhundert? Oder ist ihm die Offenbarung (im Sinne eines übernatürlichen Eingreifens der Gottheit durch Worte und Zeichen) etwas Unmögliches und Unwirkliches? Es könnte auf den ersten Blick scheinen, als sei diese letzte Frage nicht mehr recht am Platze. Wir haben eben das Urteil Spinozas über die Offenbarungsreligion kennen gelernt; sie ist ihm eine Größe zweiter Ordnung. Darin liegt, so sollte man meinen, die Frage nach der Realität der Offenbarung eingeschlossen. Mitnichten. Ein anderes ist es, Bibelexegese treiben und über den eruierten Bibelinhalt Urteile fällen, ein anderes metaphysische Probleme erörtern. Wenn Spinoza die Bibel zum Ausgangspunkt und zur Grundlage seiner Ausführungen macht

[1]) O. Biedermann, Die Methode der Auslegung und Kritik der biblischen Schriften in Spinozas theologisch-politischem Traktat, Dissertation Erlangen 1903, S. 46.

und über ihren Inhalt Urteile fällt, so ist damit die Frage, ob er supranaturale Faktoren als Fundament des Bibelinhalts anerkennt oder nicht, in keiner Weise berührt. Hier reicht sich einfach der Politiker und Exeget die Hand: der Politiker sieht klar, daß er die Gegner nur dann vernichten kann, wenn er sie mit ihren eigenen Waffen schlägt; und für den Exegeten ist es feststehendes Axiom, daß über die Offenbarungsreligion nur das ausgesagt werden darf, was die Propheten uns selbst darüber berichten, resp. da wir keine Propheten mehr haben, was die Bibel hierüber berichtet (s. oben S. 27). Die Stellung Spinozas zum Supranaturalismus muß also aus anderen Äußerungen erschlossen werden.

Nun läßt sich nicht verkennen, daß an einigen Stellen der supranaturale Gedanke mit aller Deutlichkeit zum Ausdruck kommt, in dem Sinne, daß die Offenbarung mancherlei enthält, was über die Grenzen rationalen Erkennens und Begreifens hinausgeht. „Da die Propheten mit Hilfe des Vorstellungsvermögens die Offenbarungen Gottes empfangen haben," heißt es I, 45, „so haben sie ohne Zweifel auch vieles empfangen, was über die Grenzen des Verstandes hinausgeht; denn aus Worten und Bildern lassen sich viel mehr Ideen bilden, als bloß aus den Grundsätzen und Begriffen, auf denen sich unsere ganze natürliche Erkenntnis aufbaut." Die Offenbarungserkenntnis unterscheidet sich von der Vernunfterkenntnis darin, daß jene „sich noch über ihre Grenzen hinaus erstreckt, und daß die Gesetze der menschlichen Natur an sich betrachtet ihre Ursache nicht sein können" (I, 3). Diese und ähnliche Wendungen finden sich hier und da im Traktat verstreut (I, 7; VI, 65; VII, 9 f.; XV, 22, 44; XVI, 53). Man wird die Botschaft hören, ohne von ihr sonderlich überzeugt zu sein. Die Kriterien der Gegeninstanzen sind so schwerwiegender Natur, daß wir in diesen Wendungen kaum mehr als einen Schachzug erblicken können. Sehen wir aufs einzelne, so finden wir, daß die positiven Elemente in der Religion, die wie die Wunder, Dogmen, Zeremonien und Geschichten supranaturales Gefärbe tragen, sämtlich ihres supranaturalen Charaktes entkleidet und durchaus auf das Niveau rationaler Größen herabgezogen sind. Blicken wir auf das Ganze, so hat sich uns als Resultat unserer Analyse ergeben, daß die Offenbarungsreligion der Vernunftreligion durchaus untergeordnet ist; der Vertreter der Vernunftreligion ist sich vollkommen bewußt, über ihr zu stehen (s. I, 5). Sie ist, was hiermit zusammenhängt, überhaupt keine absolut vollkommene Größe, die normativen Wert für die ganze Menschheit besitzt; die Bibel ist Volksbuch und ihr Inhalt, d. h. eben die Offenbarungsreligion, im wesentlichen für die Fassungskraft des Volkes berechnet (s. oben S. 29). Die Tatsache ist also, daß für Spinoza die Offenbarungsreligion in ihrer Totalität ein Infrarationales ist; das vermeintlich außer und über der Vernunft Liegende steht in Wirklichkeit unter der Vernunft, — eine Gleichung, die Spinoza durchaus nicht fremd ist.[1])

Der supranaturale Gedanke ist damit stark durchlöchert, und wir kommen auf die bizarre Idee einer übernatürlichen Veranstaltung hinaus, die einen untervernünftigen Inhalt hat. Wäre dies der Weisheit letzter Schluß bei Spinoza, so würden wir ohne weiteres vermuten, daß die äußerlich-übernatürliche Form der Offenbarung für ihn ein Rudiment ist, das er seinen tendenziösen Absichten zuliebe stehen gelassen hat; eine Offenbarung, der man das Rückgrat ausbricht, ist eben keine Offenbarung mehr, jedenfalls nicht für einen Denker, dem der Gedanke der „Erziehung des Menschengeschlechts" unbekannt und wesensfremd war.[2]) Aber ich glaube, daß Spinoza die letzte Konsequenz seines Standpunkts auch im Traktat gezogen hat, wenn auch — man möchte fast sagen: natürlicherweise — gerade diese entscheidende Frage bei dem Charakter des Werkes nicht mit absoluter Gewißheit entschieden werden kann.

An einer Stelle läßt sich allerdings mit voller Deutlichkeit zeigen, daß für ihn der Gedanke einer supranaturalen Offenbarung ein Nonsens ist, nämlich dort, wo sie uns in der Gestalt der Inspiration entgegentritt. Mit der kühlen Seelenruhe, mit der ein Arzt sein anatomisches Präparat bearbeitet, seziert Spinoza die Bibel. Sie ist ihm ein Buch, wie alle anderen Bücher auch; gewiß gut und nützlich für die, die sie nötig haben (s. V, 40, 46), und heilig, solange (!) sie die Menschen zur Verehrung gegen Gott bestimmt (XII, 13), aber jedenfalls keine epistola Dei a coelo hominibus missa (XII, 1). Die Inspiration wird glatt abgelehnt und damit auch an diesem Punkt der Supranaturalismus zur Ader gelassen.

Aber wie steht es nun mit der übernatürlichen Form der Offenbarung, deren sich die Propheten rühmen? Soviel ist sicher, finden wir in einem work of conciliation (Pollock, S. 336) wie dem Traktat auch nur eine Stelle, welche die Realität der Offenbarung in Zweifel zieht, so ist das Problem nach der negativen Seite entschieden: alle anderen Wendungen erweisen sich dann als Anpassungen an die lands-

[1]) V, 49 heißt es in diesem Sinne: „Ebensowenig habe ich die Absicht, die Meinungen derer zu widerlegen, die behaupten, die natürliche Erleuchtung könne nichts Richtiges über dasjenige lehren, was die ewige Seligkeit betrifft. Sie selbst, die sich ja keine richtige Vernunft zuerkennen, können dies durch keinen Vernunftgrund erweisen; und wenn sie sich rühmen, etwas supra rationem zu besitzen, so ist dies ein reines Hirngespinst und noch weit infra rationem, wie ja ihr gewöhnlicher Lebenswandel schon genugsam erkennen läßt."

[2]) Daß wir bei Spinoza gelegentlich (s. oben S. 29 Anm. 1) Ideen gefunden haben, die Lessings geniale Konzeption fast schon vorwegnehmen, ändert an dem Gesamturteil nichts. Entscheidend ist, daß ihm der Entwicklungsgedanke völlig fehlt.

läufigen Vorstellungen. Und ich glaube, jene eine Stelle ist vorhanden. I, 43 f. heißt es: „Wir können also nun ohne Bedenken behaupten, daß die Propheten nur mit Hilfe des Vorstellungsvermögens die Offenbarungen Gottes empfangen haben, d. h. durch Vermittlung von Worten oder Bildern, sei es von wirklichen oder imaginären. Denn da wir in der Schrift keine andern Mittel finden, haben wir, wie schon gezeigt, auch kein Recht, andere zu erfinden. Ich gestehe aber, daß es mir unbekannt ist, nach welchen Naturgesetzen es geschah . . . Übrigens brauchen wir überhaupt nicht die Ursachen der prophetischen Erkenntnis zu wissen; denn, wie ich bereits bemerkt habe, will ich hier bloß die Urkunden der Schrift untersuchen und aus ihnen meine Schlüsse ziehen, wie aus gegebenen Tatsachen der Natur; um die Ursachen dieser Urkunden kümmere ich mich nicht.“ Wenn ich diese Worte recht verstehe, so besagen sie im Rahmen des Ganzen offenbar dies: Für mich, Spinoza, ist der Begriff einer übernatürlichen Offenbarung durch Worte und Bilder ein Rätsel, das ich nicht zu lösen vermag. Aber die Frage, ob und wie eine solche übernatürliche Veranstaltung möglich ist, ist ja auch für meine Zwecke völlig irrelevant. Für meine Zwecke genügt es, die Urkunden dieser (sogenannten) Offenbarung zu nehmen als das, was sie sind: nämlich als gegebene Tatsachen, und sie, die ja die unumschränkte Autorität unserer Zeit sind, als Grundlage zu weiteren Schlüssen zu benutzen.

Man mag diese Stelle ein- oder mehrdeutig finden: jedenfalls ist sie in einem Werke von der Beschaffenheit des theologisch-politischen Traktats im höchsten Grade merkwürdig. Sie läßt sich, nur auf den Wortlaut gesehen, zur Not dahin erklären, daß sich Spinoza in dieser Formulierung in nichts von der Orthodoxie unterscheidet, die ja auch die Offenbarung als das große Mysterium verehrt, das über allem Verstehen der Menschen liegt, und im übrigen in Sachen der Religion diese mysteriöse Offenbarung befragt als die traditionelle Quelle des Glaubens. Das heißt aber doch die diplomatische Art des Mannes und seine ganze religionsphilosophische Stellung verkennen. Nein, wenn ein Spinoza hinter das metaphysische Problem des Offenbarungsbegriffs ein Fragezeichen setzt, so hat dies eine tiefere Bedeutung. Freudenthal hat völlig recht, wenn er für diese und ähnliche Stellen im Traktat auf eine Äußerung verweist, die sich in der von Spinozas Freund Ludwig Meyer geschriebenen Vorrede zu den Prinzipien der cartesianischen Philosophie findet. Hier verrät uns Meyer, daß überall dort, wo es heißt: „dies oder jenes übersteigt die menschliche Fassungskraft“, Spinoza vom Standpunkt Descartes' aus spricht (VL. II, S. 378). Freudenthals Nutzanwendung auf den Traktat können wir nur beipflichten: „Wenn Spinoza erklärt, daß man die Gesetze prophetischer Erkenntnis nicht zu begreifen vermag; wenn er die biblischen Erzählungen von göttlichen Offenbarungen als unfaßbar hinstellt und die Aussagen über eine körperliche Gestalt Gottes als Mysterium bezeichnet, will er andeuten, daß allen diesen Angaben und Lehren keine Geltung zukomme."[1])

Nehmen wir nun alles in allem: erinnern wir uns daran, daß Spinoza bei dem Bestreben, die positiven Bestandteile der Offenbarungsreligion von allen irrationalen Elementen zu befreien, mit eisernem Besen kehrt, daß ihm das Suprarationale letztlich ein Infrarationales ist, daß er die Inspiration rundweg ablehnt, denken wir schließlich an die diplomatische Kunst des Ausdrucks, die er, wie auch jene Bemerkung in der Vorrede zu den Prinzipien der cartesianischen Philosophie zeigt, mit bewußter Absichtlichkeit handhabt, so kommen wir mit einer bei dem Charakter des Traktats hinreichenden Sicherheit zu dem Ergebnis, daß die oben angeführte Stelle in ihrer vorsichtigen Formulierung nur eine verhüllende Umschreibung für seine wahre Meinung ist, die er in der „Korte Verhandeling" zum klaren Ausdruck bringt. Auf die Frage, ob Gott sich den Menschen unmittelbar oder durch Vermittlung irgendeines anderen Dinges kundtue, antwortet Spinoza dort: „Durch Worte nimmermehr ... Und dasselbe, was wir von den Worten sagen, wollen wir zugleich von allen äußerlichen Zeichen gesagt haben. Und so erachten wir es für unmöglich, daß Gott sich selbst durch irgendein äußeres Zeichen den Menschen kundtun könne" (VL. II, S. 356). Und am Schluß dieses Kapitels heißt es zusammenfassend: „Wir schließen damit, daß Gott, um sich den Menschen kund zu tun, weder Worte noch Wunder noch irgendein anderes geschaffenes Ding zu brauchen zukommt, sondern allein sich selbst" (S. 357). Die Offenbarung im Sinne einer übernatürlichen Veranstaltung ist also, so schließen wir, für Spinoza auch im Traktat ein Nicht-Seiendes. Wenn er trotzdem die Offenbarungsreligion auf (wirkliche oder imaginäre) Worte und Bilder zurückführt und damit als erkenntnistheoretische Grundlage die imaginatio in Anspruch nimmt, so will er damit nur, wie er ja ausdrücklich betont, seine exegetischen Pflichten erfüllen. Die Urkunden der Schrift sind nun einmal gegeben; sie sind ihm die Grundlage seiner Beweisführung. Alle Urteile über die Offenbarungsreligion sind lediglich Urteile über den exegetischen Befund der Bibel. Das metaphysische Problem der Übernatürlichkeit der Offenbarung spielt in diese objektive

[1]) Freudenthal Sp., S. 172. Freudenthal weist für diese Taktik auch auf Spinozas Verhalten gegenüber der christologischen Lehre hin. „Er wollte nicht von ihr sprechen, sagt er, sie auch nicht in Abrede stellen; aber er begreife sie nicht. Aus seinen Briefen aber erfahren wir, daß er sie geradezu für widersinnig erklärt hat".

(oder richtiger objektiv gemeinte) Darstellung nicht mehr hinein, nachdem es an unserer Stelle, wie wir glauben annehmen zu müssen, im negativen Sinne entschieden ist.[1])

Spinoza spricht der Offenbarung Realität ab; die Bibel nimmt er als gegebene Tatsache hin; ihr Inhalt, die „Offenbarungs"-Religion, ist aber der Vernunftreligion durchaus untergeordnet. Mit dieser Formulierung hat Spinoza noch nicht das letzte Wort über die Offenbarungsreligion gesprochen. Ob er schon auf einem ganz anderen Grund und Boden steht, kann er ihr doch seine Anerkennung nicht ganz versagen. Zwei Gedanken sind es, die für ihn die Brücke schlagen zu einer relativen Würdigung des Bibelinhaltes. Einmal der mit der vernünftigen Ethik übereinstimmende sittliche Gehalt der Offenbarungsreligion. Die Propheten haben keine Moral gelehrt, die mit der Vernunft nicht vollkommen übereinstimmt; im praktischen Handeln sind Offenbarungs- und Vernunftreligion völlig gleich, mögen ihre religionspsychologischen Grundlagen noch so weit auseinander gehen. Dazu tritt ein anderer, uns ganz modern anmutender Gedanke: In ihrer praktischen Nützlichkeit und Verwendbarkeit für die große Menschheit liegt, so hören wir, der Beweis für ihre Existenzberechtigung und relative Wahrheit. Es ist der gleiche Gedanke, den in seiner Weise der philosophische Pragmatismus aufgenommen, vertieft und zum Prinzip erhoben hat, dem wir aber auch in der konservativeren Aufklärung des 17. und 18. Jahrhunderts immer wieder begegnen. Spinoza ist sich dessen vollkommen bewußt, daß der wahre vollkommene Weg zur Seligkeit nicht für die Vielen ist; die Sphäre des reinen Denkens liegt über allem Begreifen der Menge (s. XV, 45). Für sie ist nun eben die Offenbarungsreligion da; an ihnen hat sie sich bewährt. Sie hat „den nicht eben Starken im Geist" so vielen Trost gebracht, sie dient dazu, ihr Leben weise einzurichten, sie bedeutet für den Staat nicht geringen Nutzen; also kann man sie ohne weiteres mit moralischer Gewißheit in ihrer Existenzberechtigung anerkennen. So biegt sich das Werturteil leise in ein allerdings beschränktes Seinsurteil um. Die Offenbarungsreligion ist

[1]) Daß man bei der Lektüre des Traktats im ganzen den Eindruck empfängt, als ob für Spinoza die Offenbarung eine Realität sei, liegt zum großen Teil an der objektiv-exegetischen Art Spinozas, die im Sinne der Bibel und also der Tradition referiert — Spinoza will ja die Gegner von ihren eigenen Voraussetzungen aus zu überführen suchen —, zum Teil aber auch daran, daß ihm Offenbarung und Schrift Synonyma sind. Indem er über Offenbarung redet, meint er nur den Schriftinhalt; s. XV, 44: sacra scriptura sive revelatio. Wenn er sich mit dieser Identifizierung auch durchaus im Rahmen des theologischen Sprachgebrauchs bewegt, so würde aber gerade bei seiner eigenartigen religionsphilosophischen Stellung die reinliche Scheidung zwischen beiden Termini ein klareres Verständnis seiner wirklichen Meinung ermöglichen.

für den größten Teil der Menschheit das, was die Vernunftreligion für ihre Elite, die Denkenden, ist; obschon in den Augen des Philosophen nur ein Surrogat, so doch ein in seiner Art ganz vollkommenes und vor allem überaus notwendiges (s. oben S. 41 und XV, 45).

Mit diesen Bemerkungen haben wir das letzte Glied in unserer Beweisführung kennen gelernt; die religionsphilosophische Stellung Spinozas, soweit sie im Traktat zum Ausdruck kommt, liegt in ihrer ganzen Breite vor uns. Stimmt nun unser Ergebnis auf Grund des theologisch-politischen Traktats mit dem überein, was wir sonst von Spinoza wissen, oder besteht tatsächlich jene Divergenz, die man so häufig in seinem Denken empfunden hat? Um gleich das Resultat vorwegzunehmen: Die konstruierte Divergenz verschwindet im Lichte unserer Beweisführung zu nichts; weit entfernt, unserer Auffassung zu widersprechen, bestätigen die übrigen Lebensäußerungen Spinozas nicht nur, was uns schon der Traktat ergeben hat, sondern vertiefen sie geradezu.

Es ist schon darauf hingewiesen worden, daß Spinoza in seinen philosophischen Schriften eine übernatürliche Veranstaltung Gottes nicht kennt; die Offenbarung besitzt keine Realität. Das lehrt uns die Ethik, das spricht mit dürren Worten (s. oben S. 52) die Korte Verhandeling aus. Daß Spinoza in dieser grundlegenden philosophischen Frage seine Anschauung jemals geändert hätte, dafür findet sich nirgends eine Spur; er bleibt in diesem Punkt stets er selber. Dem rationalistischen Philosophen ist alles Supranaturale ein Unwirkliches. Auch die Briefe können hiergegen nicht ins Feld geführt werden.[1]) Die metaphysische Frage, die Frage nach der Realität der Offenbarung, wird in ihnen nirgends berührt; es handelt sich stets nur um Probleme, die, wie wir sagen würden, zur Theologie des Alten und Neuen Testaments gehören. Wir haben es also lediglich mit exegetischen Auseinandersetzungen zu tun, die als solche unserem Problem gegenüber völlig neutral sind. Allerdings gibt es zwei Stellen, die mehr als Exegese sind und das rationale Schema im Denken Spinozas zu sprengen scheinen. Im 21. Brief heißt es: „Ich bestreite nicht, daß Gebete uns sehr nützlich sein mögen; denn mein Verstand ist zu schwach, um alle Mittel bestimmen zu können, die Gott zu Gebote stehen, um die Menschen zur Liebe zu ihm, d. h. zum Heil zu führen" (VL. II, S. 95). Und am Schlusse des Briefes: „Es erübrigt sich nur noch zu beweisen, daß die Schrift, so wie sie ist, das geoffenbarte Wort Gottes sei. Dafür kann ich einen mathematischen Beweis nicht haben, außer durch göttliche Offenbarung. Eben deshalb habe ich gesagt: Ich glaube, aber weiß es nicht mathematisch . . . , weil ich fest glaube, aber nicht mathematisch weiß,

[1]) Es kommen in Betracht ep. 19, 21, 23, 43, 73, 75, 76, 78.

daß die Propheten intime Vertraute und treue Abgesandte Gottes waren" (quia firmiter credo, non vero mathematice scio, prophetas Dei intimos consiliarios et legatos fuisse fidos; VL. II, S. 98). Es läßt sich nicht bestreiten, daß Spinoza an diesen Stellen stark supra-rational gefärbte Ausdrücke gewählt hat. Wir tun ihm aber nicht unrecht, wenn wir hier wieder jene wohlberechnete Tendenz vermuten, die wir schon so häufig bei ihm kennen gelernt haben. Der Brief ist an Blyenbergh gerichtet, jenen Kaufmann, der sich, in die Maske eines wahrheitsuchenden Philosophen gehüllt, an Spinoza herandrängte (ep. 18), um sich dann in naiver Selbstbewußtheit als Kirchenmann orthodoxester Observanz zu entpuppen (ep. 20). Spinoza hatte allen Grund, vor solchen Freunden auf der Hut zu sein:[1]) ähnlichen Bekanntschaften hatte er es zu verdanken, daß er einst mit Schimpf und Schande aus der Synagoge verstoßen worden war. Er zog denn auch übrigens in klarer Erkenntnis der Sachlage die Konsequenzen und kündigte dem aufdringlichen Manne einige Monate später ebenso höflich wie entschieden die Freundschaft (ep. 27). So lösen sich also durch den Gedanken bewußter Akkommodation ungezwungen die Schwierigkeiten, die von dieser Seite zu drohen schienen; wir haben keinen Anlaß, auf Grund dieser Stellen unsere bisher gewonnene Anschauung einer Revision zu unterziehen.[2]) Spinoza bleibt konsequent Rationalist, der nach wie vor auf dem Boden seiner Philosophie steht; das lumen naturale ist ihm Quelle und Prüfstein der Wahrheit (ep. 23; VL. II, S. 105). Der Philosoph kann sich ganz bei dem beruhigen, was die Vernunft ihm sagt (ep. 21; VL. II, S. 91).

[1]) Kuno Fischer vermutet geradezu, daß Blyenbergh „den Philosophen auf das Glatteis führen und aushorchen wollte" (a. a. O., S. 148). Das ist nicht unmöglich; noch bei Lebzeiten Spinozas fühlte sich Blyenbergh bemüßigt, die theologischen Anschauungen des Denkers zu bekämpfen in: De waerheyt van de christelijcke godts-dienst en de authoriteyt der H. Schriften, Beweert Tegen de Argumenten der Ongodtsdienstige, Of een Wederlegginge van dat Godt-lasterlijcke Boeck, genoemt Tractatus Theologico-Politicus. Leyden 1674.

[2]) Wie sich übrigens Spinoza sonst über das Gebet geäußert hat, ist uns bekannt. In einem Brief vom 23. Jan. 1682 berichtet Philipp van Limborch seinem Freunde le Clerc hierüber: „Memini me ante sexennium ad convivium vocatum, cui praeter meam exspectationem author hic (sc. Spinoza) intererat; inter precandum signa animi irreligiose ostendebat, adhibitis gestibus, quibus nos, qui Deum precabamur, stultitiae arguere velle videbatur" (Freudenthal Lg., S. 211). Wir zweifeln keinen Augenblick, daß Limborch die Gesten Spinozas gründlich mißverstanden hat. Es handelt sich sicher nicht um den verletzenden Ausdruck vornehmer Überlegenheit, sondern eher um das peinliche Gefühl einer gewissen Beklemmung, die religiösen Zeremonien der anderen unfreien Herzens mitmachen zu müssen. Jedenfalls geht aus dieser Szene klar hervor, daß Spinoza für seine Person das Gebet ablehnt. So heißt es auch in einer alten Reisebeschreibung über ihn: „Das Bethen habe er für unnütz gehalten, dieweil er statuirte: Omnia regi fato" (Freudenthal Lg., S. 223).

Daneben werden wir es aber nicht als zufällig betrachten dürfen, daß Spinoza nirgends ein abfälliges, hämisches Wort über den Bibelinhalt, wie er ihn sieht, äußert; man empfängt vielmehr den Eindruck, daß er die Bibel stets mit dem Ernste behandelt, den man Dingen entgegenbringt, über die sich zu diskutieren lohnt. Daß er sich hierzu herbeiläßt, daß er die Bibel trotz seiner aristokratisch-philosophischen Höhe nicht als quantité négligeable behandelt, fügt sich unserer Betrachtung der Dinge gut ein. Er weiß, wie wir gesehen haben, daß die Bibel ihren großen Wert für die Nicht-Philosophen hat; ein Blick in die Gegenwart zeigt ihm, daß sie immer noch eine lebendige Macht ist. Da ist es denn keine unnütze Arbeit, sie von allen ihren Schlacken zu befreien und ihr Hauptziel, die Menschen zur Gottes- und Nächstenliebe zu führen (ep. 21; VL. II, S. 97), auf den Leuchter zu stellen. Denn es liegt ihm nicht daran, den Menschen ihre Religion zu nehmen, wofern nur der moralische Kern betont wird. „Eure Religion ist gut," antwortete er einer einfachen Frau aus dem Volke auf ihre Frage, ob sie nach seiner Meinung in ihrer Religion selig werden könne; „Ihr braucht nach keiner anderen zu suchen, um selig zu werden, wenn ihr nur ein friedliches und gottergebenes Leben führt."[1])

Im Lichte unserer Auffassung von Spinozas Stellung zur Religion werden auch seine von der Tradition (s. oben S. 2 ff.) verschieden beurteilten Beziehungen zu den Kollegianten klar und verständlich, und umgekehrt empfängt unsere Auffassung von hier aus eine neue Stütze und Bestätigung.[2]) Diese abgesplitterten Remonstranten-Konventikel haben ihren Namen daher, daß sie in ihren collegia prophetica jeden Bruder zu Worte kommen ließen, der sich dazu berufen fühlte. Ihnen war, im wohltuenden Gegensatz zur offiziellen Kirche, Religion nicht Sache eines vernünftelnden Dogmatismus; sie erblickten ihr Wesen vielmehr in einem Gott wohlgefälligen Leben und in praktischer Nächstenliebe.

[1]) Freudenthal Lg., S. 61. — Daß Spinoza die Schrift ganz allgemein als Wahrheit anspricht, die der Vernunftwahrheit nicht widerstreiten kann – veritas veritati non repugnat –, ist billige Akkommodation. Sie findet sich in der schon oben glossierten ep. 21 (VL. II, S. 91) und in den Cog. Metaph. II, 8 Abs. 5, — jenem Werke, in welchem er, wie er ep. 13 (VL. II, S. 46) erklärt, seine Anschauungen „nicht offen darlegen wollte", also mit bewußter Tendenz arbeitete. Wenn er auch im Traktat erklärt: Ich habe in der Schrift nichts gefunden, was nicht mit der Vernunft in Einklang wäre (Praef. 24; VI, 52 u. a., eingeschränkt durch ein fere nihil VI, 64), so steht dieser Behauptung die im Gesamtinhalt des theologischen Teils fest verankerte These gegenüber, daß sich die Propheten in theoretisch-spekulativen Lehren widersprachen und also hierfür nicht kompetent sind, s. oben S. 28 ff.

[2]) Vgl. zum folgenden W. Meijer, „Wie sich Spinoza zu den Kollegianten verhielt" (Archiv für Geschichte der Philosophie XV, 1902, S. 1–31). Ad. Menzels Widerlegungsversuch „Spinoza und die Kollegianten" (ebenda S. 277 ff.) wird den Tatsachen nicht gerecht.

Gegen dogmatische Spitzfindigkeiten indifferent, schwärmten sie für eine allgemeine christliche Gesinnungsgemeinschaft, die Algemeene Kerk, welche alle, die sich zu Christus bekannten, ohne Unterschied der Glaubensnüancierungen aufnahm, selbst Katholiken und Sozinianer. Die Gedankenfreiheit herrschte in ihrem Kreise in vollem Umfange; war auch die scriptura sancta die Grundlage ihres Gottesdienstes, so konnte sie doch in freier Weise gedeutet werden. Sie waren duldsam und milde gegen alle, die Duldsamkeit übten und ein christliches Leben führten, intolerant nur gegen Glaubenszwang und Priesterherrschaft.

Es ist wahrlich nicht der geringste Ruhmestitel dieser Konventikel, daß sie dem verstoßenen Juden den Zutritt zu ihrem Kreis verstatteten. Spinoza hat lange Jahre zu ihnen in freundschaftlichen Beziehungen gestanden; seine besten Freunde waren Kollegianten oder gehörten zu den ihnen nahestehenden Mennoniten. Aus Hinneigung zu dieser Gemeinde verlegte er zeitweise seinen Wohnsitz nach Rijnsburg (1660–63), dem Mittelpunkte ihrer Gemeinschaft; in ihrem Waisenhause zu Amsterdam wurden nach Spinozas Tode mehrere Briefe von ihm und ein Exemplar der nur im engsten Freundeskreise verteilten „Korte Verhandeling" gefunden. Was ihn zu diesen Stillen im Lande zog, ist klar. Ihre Abneigung gegen Glaubensfanatismus und Priesterherrschaft, die Freiheit des Redens, die Abkehr von allem starren Dogmatismus und die Betonung praktischen Christentums, — alles dies schuf eine Atmosphäre, in der sich Spinoza wohlfühlen mußte; in ihrem Kreise lernte er kennen, daß die christliche Religion „die Liebe, die Freude, der Frieden, die Mäßigung und die Treue gegen jedermann" ist (s. Praef. 14.), in ihrem Kreise auch diese Religion schätzen, ohne sich zu ihr zu bekennen. Denn wie wir im Sinne unserer bisherigen Ausführungen und in Übereinstimmung mit der Mehrzahl der guten Quellen annehmen, ist er niemals zum Christentum übergetreten. Er wohnte den Versammlungen der Kollegianten bei, ohne sich ihnen je anzuschließen. Er stand, wie es Meijer überzeugend und treffend formuliert hat, ihnen näher „als irgend einer anderen Geistesrichtung dieser Zeit, aber doch auch wieder so weit von und über ihnen, daß von einer Zugehörigkeit nicht die Rede sein kann". „Zu den Höhen des Denkers konnten sie sich nicht erheben; wenn er aber aus seiner Gedankenwelt herabstieg, waren die Kollegianten die ersten Freunde, denen er begegnete" (a. a. O., S. 22 und 26).

Theorie und Praxis stimmen also in überraschender Weise überein: Der Blick auf sein praktisches Verhalten bestätigt in vollem Umfange, was wir aus dem Traktat entnehmen zu müssen glaubten.

Mithin bilden die gesamten Lebensäußerungen Spinozas über diesen Punkt eine in sich geschlossene und psychologisch durchaus verständliche Einheit. Losgelöst von kirchlichem Denken und traditioneller Gebundenheit hat Spinoza in seinem System des in den Tiefen mystischen Empfindens endenden Rationalismus seine eigene Welt für sich. Er ist Intellektualist; er lebt ganz in der Region der reinen Begriffe. Wirklichkeit und Wahrheit hat für ihn nur, was in ihnen erfaßt, was rational ist. Alles Supranaturale ist der kristallhellen Klarheit seines Geistes ein Nicht-Seiendes. Damit tritt er aus seiner Zeit heraus; denn die allbeherrschende Autorität der Zeit ist die Offenbarung, ist die Bibel. Spinoza hat für diese Art Religion kein Verständnis; seine intellektualistische Psychologie läßt keinen Raum für sie. Wenn er im Traktat gelegentlich erklärt: „Unsichtbare Dinge, die Objekte bloß des Geistes sind, können mit keinen anderen Augen gesehen werden als durch Beweise, und wenn man die nicht hat, sieht man von diesen Dingen ganz und gar nichts. Was man darüber nachspricht, berührt den Geist nicht mehr und hat keine größere Bedeutung als die Worte eines Papageien oder eines Automaten" (XIII, 17), — so verrät er hierin, daß ihm jedes tiefere und unmittelbare Verständnis für das Wesen der Religion abgeht. Das gilt für die Religion im allgemeinen, so wie er sie aus der Bibel herausdestilliert. Er kann sie nicht verstehen, nicht erklären; er kann nichts weiter als sie als gegebene Tatsache anerkennen. Das gilt in besonderem Maße für die geschichtlich gewordene Religion; sie erscheint ihm gar als purer Aberglaube, gut für Herrscher und Priester, um die Menge am Gängelbande zu führen. Wenn er sich aber trotz seines aristokratischen Intellektualismus, der in der Offenbarungsreligion nur eine inferiore Größe erblickt, ihr gegenüber zu einer Art platonischer Liebe bekennt, so werden wir hierin den Einfluß der Eindrücke vermuten dürfen, die er im Kreise der Kollegianten empfangen hat. Gewiß ist er sich auch dort treu geblieben; indem er sich ihrer Gemeinschaft nicht anschließt, kennzeichnet er damit deutlich seine andersartige Stellung. Aber in diesem Kreis der Freiheit und der Frömmigkeit hat er den praktischen Wert der Offenbarungsreligion kennen gelernt, hat empfunden, daß sie für die meisten eine wirkliche und auch völlig unersetzliche Lebensgröße ist: und in diesem Sinne vermag er sie zu schätzen, soweit man überhaupt eine geistige Größe schätzen kann, mit der man sich nicht identifiziert. Das heteronome Moralsystem der Bibel ist ihm der Erziehungsfaktor für alle, denen das Charisma des rationalen Denkens nicht gegeben ist — und wer gehörte für den aristokratischen Spinoza nicht dazu —; und als Erziehungsfaktor ist es wertvoll und notwendig. So geht er in seinen Briefen bereitwilligst auf theologische Fragen ein; so behandelt er im Traktat wie in den Briefen die Offenbarungsreligion mit Wohlwollen und Achtung. Aber das Verhältnis zu ihr ist, wie keinem Zweifel mehr unterliegen kann, rein platonischer Natur.

V.

Anhang.

Spinoza in England (1670–1750).

Es hatte ursprünglich in der Absicht des Verfassers gelegen, von den religionsphilosophischen Ideen Spinozas aus die Linien weiter zu ziehen zu der großen historischen Bewegung, die wir mit dem Namen „Deismus"[1]) bezeichnen, und in dieser Weise die isolierende Betrachtung des ersten Teiles zu ergänzen. Der Versuch, beide Größen in Zusammenhang zu setzen, ist schon dadurch nahegelegt, daß ein Zeitgenosse Spinozas, der gelehrte Arzt Lambert van Velthuysen, gegen den Verfasser des theologisch-politischen Traktats den Vorwurf deistischer Gesinnung erhoben hat. „Er erhebt sich nicht", meint Velthuysen, „über die Religion der Deisten, deren es in diesem schlecht gesitteten Zeitalter überall viele gibt . . . Meines Erachtens hat aber kaum einer unter den vielen Deisten mit so böser Absicht, so schlau und verschlagen für jene grundschlechte Sache das Wort geführt wie der Autor dieser Abhandlung" (ep. 42; VL. II, S. 158).[2]) Daß sich Spinoza selbst gegen diese Verdächtigung verwahrt (ep. 43; VL. II, S. 170), will an sich nicht

[1]) Die Begriffsbestimmung des „Deismus" leidet an einer merkwürdigen Unsicherheit. Man denkt zunächst an die bekannte *dogmatische* Terminologie, der Kant die prägnante Formulierung gegeben hat: Der Deist glaubt einen Gott, der Theist aber einen lebendigen Gott. Wir verschließen uns jedoch völlig das Verständnis für das Wesen des *historischen* Deismus — und um diesen handelt es sich für uns —, wenn wir ihn mit dem dogmatischen verselbigen. Die metaphysische Frage nach dem Verhältnis Gottes zur Welt steht nicht nur nicht im Vordergrund des historischen Deismus, sondern ihre Beantwortung im Sinne einer transzendent-mechanistischen Gottesphilosophie wird von einigen bedeutenden Deisten geradezu abgelehnt (Belege bei B. Pünjer, Geschichte der christlichen Philosophie, Bd. I, 1880, S. 213). Die entscheidenden Fragen des historischen Deismus gruppieren sich um die Begriffe Vernunft und Offenbarung; und nur in diesem Sinn wird hier von Deismus gesprochen.

[2]) Nicht so markant ist eine Äußerung Leibniz', der „Deisten" und „Spinozisten" nicht geradezu identifiziert, aber eng zusammenstellt. Im Hinblick auf die aufklärerische Anschauung, welche die Unterschiede der Religionen völlig ignoriert und jedem Seligkeit zuspricht, der der „Liebe Gottes und der Vereinigung mit ihm" teilhaftig ist, schreibt Leibniz: „Je crois, que ceux qu'on appelle Sociniens, et après eux qu'on nomme Déistes et Spinosistes, ont beaucoup contribué à répandre cette doctrine" (Opera omnia, ed. Dutens, Bd. I, S. 690 f.).

eben viel besagen; nicht mehr, als wenn uns etwa ein Toland in dem Schlußwort seines Christianity not mysterious zu bedeuten gibt, daß er mit diesem Werk eine Schutzschrift gegen Atheisten und Deisten geschrieben habe. Wir wissen, und die Stelle aus Toland bezeugt es, daß Deisten und Atheisten nur allzu oft in einem Atem genannt wurden; die Altgläubigen machten keinen Unterschied zwischen ihnen.[1]) Und wie ängstlich Spinoza darauf bedacht war, Vorwürfen, die nach dieser Seite zielten, den Boden zu entziehen, ist uns hinlänglich bekannt. Man wird aber, Velthuysens Anregung folgend, um so eher geneigt sein, Spinoza in die Nähe des Deismus zu rücken,[2]) als der Inhalt des theologisch-politischen Traktats unverkennbare Berührungen aufweist mit Anschauungen, die der Religionsphilosophie der Aufklärung eigentümlich sind. Um nur einige Hauptpunkte herauszugreifen: Wenn Spinoza in seinen staatsrechtlichen Ideen von der unhistorischen Fiktion eines Naturzustandes ausgeht und für die Freiheit religiöser Überzeugungen eintritt, wenn er das Wesen der Religion, sie möglichst rational gestaltend, fast ganz in Moral auflöst, wenn er die abergläubische Religion psychologisch aus der Furcht und der Phantasie ableitet, in den positiven Bestandteilen der christlichen Religion nur eine Entstellung der ursprünglich von Christus rein verkündigten Religion erblickt und, in völliger Verkennung der Kräfte, die das geistig-geschichtliche Leben beherrschen, diese Depravation den Fürsten und Priestern zur Schuld macht usf., — so steht er mit der ganzen Art, die Religion zu sehen und zu beurteilen, ebenso wie mit seiner sprachlichen und historischen Erforschung der Schrift durchaus in der Gedankenwelt der deistischen Aufklärung. Trotzdem erscheint es uns historisch nicht gerechtfertigt, Spinoza auf Grund seines theologisch-politischen Traktats zu den Deisten zu rechnen. Die Religionsphilosophie der deistischen Aufklärung, besonders die charakteristische Ausprägung, die sie in ihrem Heimatlande, in England, gefunden hat, ist trotz aller „vernünftigen" Kritik, die sie an Religion und Religionen geübt hat, im Grunde eine konservative und auch eine christliche Bewegung. Gewiß stabiliert sie mit dem stolzen Bewußtsein einer mündig gewordenen Zeit die Souveränität der

[1]) In R. Traills Predigten (1670) findet sich die Stelle: „We have a generation among us . . called Deists, which is nothing else but a new court word for Atheist" (Serm. VI, Sel. Writ., 1845), und R. Bentley erklärt 1692 (Boyle Lect. 6): „Some infidels . . to avoid the odious name of atheists, would shelter and screen themselves under a new one of deists, which is not quite so obnoxious" (Aus „New English Dictionary" ed. James A. H. Murray, Bd. III, S. 152).

[2]) Vgl. W. Prümers, Spinozas Religionsbegriff, Halle 1906 (Abhandlungen zur Philosophie und ihrer Geschichte, herausgegeben von Benno Erdmann, Heft XXIII), S. 71 ff.

Vernunft und sucht von dieser Grundlage aus die Frage der Wahrheit der sich widerstreitenden Religionen zu lösen; aber die Mächte der Tradition, wie sie in der Bibel verkörpert sind, sind noch immer so stark, daß sie letztlich von ihnen nicht loskommt. Gerade bei dem Kernproblem des Deismus, bei der Frage nach dem Verhältnis von Vernunft und Offenbarung, tritt der Kontrast zwischen dem Deismus und Spinoza deutlich in Erscheinung. Für Spinoza ist die Vernunft das alleinige Lebenselement, die Offenbarungsreligion existiert für ihn nicht; wenn er sie – als hinreichend für die große Menge – anerkennt, so ist dies, wie gezeigt, von seiner Vernunftreligion aus nicht zu rechtfertigen; die Anerkennung ist für ihn bloß ein Gebot praktischer Notwendigkeit. Damit hebt er sich deutlich ab von der gemein-deistischen Auffassung.

Können wir aber Spinoza dieses fundamentalen Unterschiedes wegen nicht dem Deismus eingliedern, so verliert auch der Versuch, seine religionsphilosophischen Anschauungen in den breiten Rahmen der deistischen Bewegung einzuzeichnen, an historischem Interesse. Für den Historiker kommt nur noch die Frage in Betracht, ob etwa der theologisch-politische Traktat, der ja in vielen Einzelheiten mit Ideen der deistischen Aufklärung übereinstimmt, von ihr beeinflußt worden ist oder seinerseits auf ihre Entwicklung Einfluß gewonnen hat. Der Verfasser ist den letzteren Spuren, soweit sie England betreffen, nachgegangen, muß aber bekennen, daß diese Untersuchung im ganzen recht unergiebig gewesen ist. Von einem Einfluß des Traktats auf den englischen Deismus kann, wenn wir einmal von Toland absehen, kaum die Rede sein; die meisten haben das Buch offenbar gar nicht gekannt. Dagegen ist diese Untersuchung insofern nicht ohne Wert gewesen, als sie für die allgemeine Frage nach dem Einfluß Spinozas auf England ein reiches Material zutage gefördert hat, das nun hier als Beitrag zur Geschichte des Spinozismus geboten werden soll. Da gerade für die Aufnahme und Einwirkung Spinozas auf England eine eingehende quellenmäßige Darstellung noch nicht vorliegt, entbehren hier die meisten Urteile der sicheren historischen Unterlage. Man begnügt sich mit allgemeinen Eindrücken, die man aus seiner Kenntnis der englischen Literatur, namentlich aus ideengeschichtlichen Anklängen gewonnen hat, und konstruiert so hier und da wohl auch Einflüsse, die in Wirklichkeit gar nicht existieren. Um einen Einblick in den Stand – man kann nicht eigentlich sagen der Forschung, sondern richtiger – der Vermutungen zu geben, sollen hier zunächst einige Gelehrte zu Worte kommen, die sämtlich als glänzende Kenner der englischen Literatur bekannt sind.

H. Hettner schreibt in seiner „Geschichte der englischen Literatur" (5. Aufl. 1894), S. 35 f.: „Spinoza als Philosoph äußerte allerdings noch nicht seine eigenste Wirkung; seine gewaltige Ethik, die überdies erst nach seinem Tod 1677 in die Öffentlichkeit kam, lag der herrschenden Anschauungsweise zu fern, um sogleich in weitere Kreise zu dringen. Dafür aber war der im Jahr 1670 erschienene theologisch-politische Traktat um so erfolgreicher ... Wie in einer Rüstkammer standen hier die scharf geschliffenen Waffen für die Kampflustigen bereit. Man braucht die Aufklärer der nächsten Zeit nur flüchtig zu durchmustern, um sofort zu gewahren wie eifrig sie sich dieser Waffen bedienten." E. Troeltsch zieht die Kreise bedeutend enger, wenn er erklärt, daß sich der Traktat (nur) „mit seinen historisch-kritischen Argumenten in der ganzen deistischen Literatur fühlbar macht" (Realenzyklopädie für protestantische Theologie und Kirche, IV^{3}, S. 537; so auch L. Zscharnack in „Religion in Geschichte und Gegenwart" I, 1909, Sp. 2005). Fast einer Leugnung jeden Einflusses Spinozas auf England kommt es dann gleich, wenn L. Stephen meint, daß von den Deisten „wahrscheinlich" nur wenige Spinoza gelesen haben; Toland erklärt er — allerdings auch nur probably — für eine Ausnahme (History of English Thought in the Eighteenth Century, London 1876, I, S. 33).

Der widerspruchsvolle Charakter dieser Zeugnisse zeigt schon, daß wir auf diesem Wege nicht weiterkommen; es fehlt, wie gesagt, die detaillierte historische Sammelarbeit, die die Grundlage für solche Urteile bildet. Diese Lücke ist nun auch bis zu einem gewissen Grade bereits ausgefüllt worden. Ich denke dabei nicht an die flüchtige Skizze, die R. Worms in seinem Buche „La morale de Spinoza" (1892), Kap. XIX bietet; sie kommt, mit unzulänglichen Mitteln arbeitend, für eine quellenmäßige Darstellung kaum in Betracht. Dagegen hat der schon mehrfach genannte englische Spinozaforscher F. Pollock mit großer Gründlichkeit die Quellen studiert und uns mit recht wertvollen urkundlichen Äußerungen der englischen Gelehrtenwelt über Spinoza vertraut gemacht (Pollock S. 355 ff. und 374 ff.). Leider können aber auch seine Ausführungen nicht allen Ansprüchen genügen, die wir an eine derartige Arbeit stellen müssen. Daß ihm nur ein Teil des in Betracht kommenden Materials bekannt gewesen ist, ist, zumal wo es sich um den ersten Versuch handelt, nur verständlich. Immerhin bleibt es auffallend, daß er den Briefwechsel Spinozas für seine Darstellung überhaupt nicht verwertet hat. Völlig unverständlich und den wissenschaftlichen Wert seiner Arbeit beeinträchtigend ist es dagegen, daß er bei Männern wie Locke und Toland u. a., die — wenn wir von Tolands Letters to Serena absehen — nur gelegentlich auf Spinoza zu sprechen kommen, — daß er in solchen Fällen nur einzelne Urteile über Spinoza herausgreift und uns sogar die Belegstellen für sie schuldig bleibt. Darin liegt ein doppeltes Manko: Einmal ist ein schnelles Nachprüfen seiner Ergebnisse in manchen Fällen so gut wie ausgeschlossen. Da uns z. B. gerade Lockes und Tolands Werke nicht in Ausgaben mit Indices oder jedenfalls nicht mit ausreichenden Indices vorliegen, so bleibt nichts anderes übrig, als ihre sämtlichen Schriften – und man schrieb schon damals recht viel – auf diese oder jene Äußerung durchzusehen. Andererseits verliert aber Pollocks geschichtliche Darstellung selbst an Farbe und Gehalt dadurch, daß er sich eben nur auf ein oder zwei charakteristische Urteile beschränkt. Um ein Beispiel zu wählen: Es ist natürlich höchst interessant zu erfahren, daß Locke in Spinoza einen „verrufenen" Philosophen erblickt. Aber nicht minder wichtig ist es doch wohl, zu wissen, daß er in seinen sämtlichen Werken nur an zwei Stellen auf den holländischen Philosophen eingeht und an ihnen eine nicht gerade hervorragende Kenntnis desselben verrät.

Die folgenden Ausführungen suchen diese Mängel der Pollockschen Darstellung, soweit als möglich, zu vermeiden. Das ganze Material, das schon Pollock bekannt war, ist noch einmal durchgearbeitet, das neu gefundene hinzugefügt worden. Dabei war es mein Bestreben, die Quellen in möglichstem Umfange selbst zu Worte kommen zu lassen, oder wo es sich um minder wertvolles Material handelt, es wenigstens als Anmerkung zu verzeichnen. Wesentliches wird, wie ich hoffe, nicht übersehen sein.[1])

[1]) Um die historisch-chronologische Darstellung nicht zu unterbrechen, sollen diejenigen Autoren, deren Schriften kein positives Ergebnis für unsere Untersuchung ergeben haben, gleich hier zusammengestellt werden. Es handelt sich fast durchweg um Vertreter des englischen Deismus.

Keine Kenntnis von Spinoza verraten Arthur Bury: The naked Gospel, 1690; Charles Blount: Miscellaneous Works, 1695; William Coward: Second thoughts concerning human soul, 1702; Farther thoughts concerning human soul, in defence of Second thoughts, 1703; The grand essay: or a vindication of reason and religion, against impostures of philosophy, 1704. Eine gelegentliche Erwähnung Spinozas in einem der letzten Schrift beigefügten Verteidigungsbrief ist zu allgemein gehalten, um sichere Schlüsse zuzulassen. Coward wendet sich dort (S. 206 f.), die Worte seines Gegners aufnehmend, folgendermaßen gegen ihn: „is it out of *lust* or *pride*, or *out of a desire to be thought wise*, that your adversary is at the first onset rank'd with *Hobbs, Spinosa, Blount, Le Clerc, Lock* and *Toland?* Truly, come it from which principle you please, I am not ashamed of the company of men of learning and sense, altho' I cannot accompany them in all particulars they avouch and assert." – Daß A. Collins von Spinoza abhängig sein soll, ist schon mehrfach vermutet worden (s. G. Thorschmid, Versuch einer vollständigen Engelländischen Freydenker-Bibliothek, Halle 1765, Bd. I, S. 65 ff. und H. vom Busche: Die freie religiöse Aufklärung, Darmstadt 1846, S. 211 und 215). Daß er sich gegen diesen Einfluß verteidigt haben soll, behauptet Amand Saintes: Histoire de la vie et des ouvrages de B. de Spinosa, Paris 1842, S. 194. Ich beschränke mich darauf, die mir bekannten Tatsachen zusammenzustellen. Frei von allen Anspielungen auf Spinoza sind: Priestcraft in Perfection etc., 1710; A discourse of free-thinking, 1713; An Historical and Critical Essay on the

Die ersten erkennbaren Spuren einer Beschäftigung und Auseinandersetzung mit Spinoza lassen sich für England um die Mitte der siebziger Jahre (des 17. Jahrhunderts) nachweisen. Allerdings ist der Name des holländischen Philosophen wenigstens im kleinen Kreise schon vorher dort bekannt gewesen. Der Sekretär der 1660 zum Zweck freier empirischer Naturforschung begründeten Royal Society in London, Heinrich Oldenburg aus Bremen, einer seiner wärmsten Verehrer, hat, wie es scheint, seiner Bewunderung für den stillen und tiefen Denker in dieser Korporation unverhohlenen Ausdruck gegeben. Jedenfalls erfahren wir aus seinem Briefwechsel mit Spinoza, daß er mit dem bedeutendsten Naturforscher der Sozietät, dem berühmten Robert Boyle, recht häufig über ihn gesprochen hat, über seine Gelehrsamkeit und seine Gedankentiefe (eruditione et profundis meditationibus; ep. 25; VL. II, S. 116). Aber dem Charakter der Gesellschaft entsprechend sind es vornehmlich rein naturwissenschaftliche Interessen, die den Inhalt ihrer Beziehungen mit Spinoza ausmachen. Oldenburg schickt Spinoza die neuesten Schriften Boyles zur Beurteilung (s. ep. 5 u. ep. 16); Spinoza gibt darauf eine Kritik (ep. 6), der – durch Vermittlung Oldenburgs – die Antwort Boyles folgt (ep. 11), und dies Geplänkel geht in dieser Weise noch eine Weile weiter (ep. 13; ep. 16). So wenig nun auch Boyle die Kritik Spinozas im allgemeinen anerkennen kann, so mag er wohl doch in dem holländischen Denker eine kongeniale Größe erkannt haben.

39 Articles of the church of England, 1724; The scheme of Literal Prophecy, 1727; dagegen enthält A discourse of the grounds and reasons of the christian Religion (1724) zwei allerdings belanglose Stellen über Spinoza. S. 82 Anm. 2 fügt Collins bei der Erwähnung eines Buches von Saul Levi Morteira beiläufig hinzu: „This Mortera was the Master of the famous Spinoza“; S. 112 heißt es: „Pereira, Hobbes, Spinoza, Simon, and others have been severely censur'd, as giving up or attacking the Bible, for asserting, that some few interpolations, tho' not relating to the essentials of religion, have been made therein.“ — In M. Tindals Christianity as old as the Creation (1730) findet sich bei der Stelle: „And is not Spirit, nay, the Spirit of God, taken, at least in twenty different senses in the Scripture?“ (S. 337) ein Hinweis auf den theologisch-politischen Traktat. Wenn im Jahre 1709 gegen Tindals Schrift „The Rights of the Christian Church“, eine Gegenschrift erscheint unter dem Titel „Spinoza reviv'd; or a treatise proving the book entitled: The Rights of the Christian Church, in the most notorious parts of it to be the same with Spinoza's Rights of the Christian Clergy, and that both of them are grounded upon downright Atheism“ (s. Katalog des brit. Museums unter: Matthews Tindal), – so beweist dieser Titel nur, daß man das wohl von Ludwig Meyer geschriebene Buch: Lucii Antistii Constantis de Jure Ecclesiasticorum (1665) auch in England fälschlicherweise Spinoza zugeschrieben hat. – Mit negativem Erfolg sind ferner durchgesehen: Thomas Chubb: The true Gospel (1738) und The posthumous Works (1748); Peter Annet: A collection of the Tracts of a certain Free Enquirer noted by his sufferings for his Opinions (Ohne Angabe von Verfasser, Ort und Jahr erschienen).

Im Anschluß an die eben zitierte Stelle aus ep. 25 schreibt Oldenburg: „Wir (sc. Boyle und Oldenburg) möchten die Früchte Ihres Geistes erschließen und der gelehrten Welt zuführen, überzeugt daß Sie unseren Erwartungen Genüge leisten.“ Und in ähnlichem Sinne heißt es später: „Herr Boyle vereinigt seine herzlichsten Grüße an Sie mit den meinigen und muntert Sie auf, in Ihrem Philosophieren unentwegt (strenue et ἀκριβῶς) fortzufahren“ (ep. 31; VL. II, S. 125).

Dieses herzliche Einvernehmen, das die erste Hälfte der sechziger Jahre ausfüllt, ist dann plötzlich in merklicher Weise gestört worden. Als im Jahre 1675 Spinozas Freund und Schüler Walter von Tschirnhaus nach England kommt und Boyle und Oldenburg seinen Besuch abstattet, stößt er bei beiden auf „wunderliche Vorstellungen“, die sie sich über Spinozas Person gebildet haben (ep. 63; VL. II, S. 217).

Was ist inzwischen geschehen? Es kann nach allem, was wir wissen, keinem Zweifel unterliegen, daß die inzwischen erfolgte Veröffentlichung des theologisch-politischen Traktats die Ursache zu diesem „mirum conceptum“ gewesen ist. Zuerst 1670 in Amsterdam erschienen, dann unter den unschuldigsten Titeln[1]) mehrfach neu gedruckt, hatte das Buch seinen Weg auch nach England gefunden;[2]) in der ersten Hälfte des Jahres 1675 hatte Spinoza selbst ein Exemplar an Oldenburg übersandt (s. ep. 61). Der Eindruck, den der Traktat auf die beiden Freunde machte, entspricht durchaus der Aufnahme, die er auch sonst gefunden hat. Es

[1]) Siehe A. van der Linde, Benediktus Spinoza, Bibliografie, 's Gravenhage 1871, Nr. 4—6.

[2]) Einige Quellen wollen sogar wissen, daß im Jahre 1674 in England eine Ausgabe des Traktats veranstaltet worden sei. In Gottlieb Stolles Anmerkungen über Heumanns Conspectum Reipublicae Literariae, Jena 1738, heißt es bei der Erwähnung der Ausgabe von 1670: „noch rarer ist hiervon die englische Edition gedr. anno 1674 in 8“ (S. 977); und bei J. A. Trinius, Freydenkerlexikon, Leipzig 1759, hören wir von einer Ausgabe „in England, ohne Meldung des Orts 1674 in 8, welche lateinische Ausgabe Heinr. Oldenburg veranstaltet hat“ (S. 420). Wie Trinius vermerkt, ist dieser Ausgabe die Schrift „Philosophia Scripturae interpres“ beigedruckt. Da uns nun aus dem Jahre 1674 eine Ausgabe des Traktats erhalten ist, die in Verbindung mit der ebengenannten Abhandlung und ohne Angabe des Druckorts in 8° erschienen ist (Linde a. a. O., Nr. 7), so liegt die Annahme nahe, daß Trinius und wohl auch Stolle diese Ausgabe gemeint haben. Die Notiz über Oldenburg ist natürlich völlig aus der Luft gegriffen; es fehlt aber auch jeder Anhalt dafür, daß jene Ausgabe überhaupt in England erfolgt ist. Positive Belege aus zeitgenössischen Quellen scheinen nicht vorhanden zu sein; und daß durch Kabinettsordre vom 19. Juli 1674 der Druck des Traktats für Holland verboten worden ist (s. Freudenthal Lg., S. 139 ff.), kann als mittelbarer Beweis nicht geltend gemacht werden. Sicher ist nur, daß die Ausgabe von 1674 in England benutzt worden ist (s. Tolands Briefwechsel in „The miscellaneous works“, London 1747, Bd. II, S. 449).

ist charakteristisch für diese Zeit, in der freieste naturwissenschaftliche Arbeit und kirchlich-traditionelles Denken noch friedlich beisammen wohnen, daß derselbe Boyle, der einer der ersten Naturwissenschaftler seiner Zeit ist, in seinem Testament eine ansehnliche Summe für apologetische Predigten bestimmte, die alljährlich in London zur Verteidigung der Wahrheit der christlichen Religion und zur Bekämpfung des Unglaubens gehalten werden sollten. So läßt sich verstehen, daß er und der gleichgesinnte Oldenburg über den theologisch-politischen Traktat gerade so bestürzt waren, wie die ganze gelehrte Welt des Kontinents. Oldenburg selbst gesteht, der erste Eindruck sei gewesen, daß der Traktat „manches Bedenkliche wider die Religion enthalte" (vergere in fraudem Religionis; ep. 61; VL. II, S. 214); und Boyle hat sicher nicht anders empfunden. Mag sich nun auch Tschirnhaus ehrliche Mühe gegeben haben, ihnen diese Auffassung zu nehmen, und ihnen sogar das Gefühl der höchsten Achtung vor dem Buch suggeriert haben (ep. 63; VL. II, S. 217), der Erfolg ist jedenfalls nur ein transitorischer gewesen (vgl. ep. 62). Und wie sie, so dachten auch die anderen, die es lasen.[1]) Wenn Oldenburg unter dem ersten Eindruck seiner Aussprache mit Tschirnhaus Spinoza versichert: „Einzig und allein das soll mein Bestreben sein, die Geister wackerer und scharfsinniger Männer für die Wahrheiten, über die Sie später helleres Licht verbreiten werden, allmählich empfänglich zu machen und die bestehenden Vorurteile gegen Ihre Ideen (praeiudicia adversus meditationes tuas concepta; ep. 61; VL. II, S. 214) gründlich hinwegzuräumen", — so entnehmen wir dem die Tatsache, daß der Traktat in England wirklich nicht eben günstige Urteile ausgelöst hat. Wir sind nun auf Grund des weiteren Briefwechsels zwischen Oldenburg und Spinoza in der glücklichen Lage, die Punkte anzugeben, die in England bei dem ersten Auftauchen des Buches als anstößig empfunden wurden. Oldenburg selbst teilt sie Spinoza mit (ep. 71): 1. Die nicht klare Scheidung von Gott und Natur. „Weitaus die meisten sind der Meinung, daß Sie beide miteinander vermengen." 2. „Des weiteren scheint es vielen, daß Sie die Glaubwürdigkeit und den Wert der Wunder aufheben, worauf sich allein nach der Überzeugung fast aller Christen die Gewißheit der göttlichen Offenbarung stützt." 3. „Auch sagt man, daß Sie ihre Ansicht über Jesus Christus, den Welterlöser und alleinigen Mittler der Menschen, sowie über dessen Fleischwerden und Opfertod ver-

[1]) Daß der Traktat in England um diese Zeit wirklich gelesen worden ist, bezeugen die Briefe Oldenburgs an Spinoza (ep. 71 u. ep. 75), wird aber auch von anderer Seite bestätigt. In seiner 1675 zu Amsterdam erschienenen Schrift „La veritable religion des Hollandais" schreibt Jean Brun: „Je sçai bien quil s'est vendu en Angleterre, en Allemagne, en France et méme en Suisse, aussi bien qu'en Hollande" (Freudenthal Lg., S. 199).

schleiern." Und in ep. 74 (VL. II, S. 241) fügt Oldenburg noch hinzu: 4. „Sie scheinen eine fatalistische Notwendigkeit aller Dinge und Handlungen aufzustellen. Ihre Leser halten nun dafür, daß der Nerv aller Gesetze, aller Tugend und Religion durchschnitten sei und Lohn und Strafe hinfällig würde, wenn diese Anschauung zur Geltung käme. Sie denken nämlich: der Zwang, oder die Notwendigkeit, entschuldigt, und folglich wird vor Gottes Angesicht jedermann zu entschuldigen sein. Ihre Leser können nicht begreifen, wie da noch Schuld und Strafe Platz greifen kann, wenn wir vom Fatum getrieben werden und alles unter dem unerbittlichen Druck einer höheren Macht seinen bestimmten und unvermeidlichen Gang geht." Was den englischen Lesern nach Oldenburg am Traktat anstößig erscheint, ist also: Spinozas Monismus, sein Determinismus, seine Wunderkritik und seine Christologie; mithin — wenn wir von dem letzten Punkt absehen — gerade die Anschauungen, die in Spinozas Gedankensystem die wesentlichen Fermente sind. So liegt in der Ablehnung des Traktats zugleich das Schicksal der Ethik beschlossen: Die spekulativen Ideen eines Spinoza sind in diesem Land d'un positivisme désespérant[1]) unmöglich. Die weitere Entwicklung wird uns dies bestätigen.

Der erste uns mit Namen bekannte Kritiker des Traktats, der bekannte Platoniker und theologische Latitudinarier zu Cambridge Ralph Cudworth, knüpft an das Kapitel über die Wunder an. In seinem umfangreichen, der Bekämpfung des Atheismus gewidmeten Werk „The true Intellectual System of the Universe" (London 1678) legt er zunächst mit kurzen Worten die Grundzüge von Spinozas Wunderkritik dar, um dann leichthin und erhaben zu erklären: „We find his discourse every way so weak, groundless, and inconsiderable, that we could not think it here to deserve a confutation" (S. 707). Die ganze Stelle zählt volle neun Zeilen! So leicht glaubte man damals mit Spinoza fertig werden zu können.

Einer eingehenderen Betrachtung hält ihn Cudworth' gleichgesinnter Kollege Henry More für wert. In dem ersten Bande seiner 1679 erschienenen „Opera omnia" finden sich zwei Aufsätze gegen Spinoza, die zusammen nicht weniger als etwa 70 Seiten (im Folioformat) umfassen.[2]) Der Verfasser hat wohl sämtliche philosophischen Schriften Spinozas gelesen

[1]) Amand Saintes a. a. O., S. 191.

[2]) I. Ad V. C. Epistola altera, quae brevem Tractatus theologici-politici refutationem complectitur (S. 563 ff.). II. Demonstrationis duarum propositionum (viz. ad substantiam, quatenus substantia est, necessariam existentiam pertinere, et unicam in mundo substantiam esse), quae praecipuae apud Spinozium Atheismi sunt columnae, brevis solidaque confutatio (S. 615 ff.). S. auch Bd. II, S. 745.

– 1677 sind die „Opera Posthuma“ erschienen –, sicher die Ethik, den theologisch-politischen Traktat, die Cogitata Metaphysica (S. 602 ff.) und die Briefe (S. 611 ff.). Und im Besitze dieser umfassenden Kenntnisse stürmt er nun mit leidenschaftlichem Wüten gegen diesen sedulus malignusque religionis impugnator (S. 580) an. Kapitel für Kapitel, Gedanken für Gedanken nimmt er in der ersten Schrift den Traktat durch, mit viel Kraftaufwand, wenig Geist und gar keinem Verständnis. Das Ganze ist in Gift und Galle getaucht, es ist das Böseste, was je in England, vielleicht sogar überhaupt über Spinoza gesagt worden ist. More kann sich nicht genug tun in Schimpf- und Schmähreden, in böswilligen Unterstellungen, in entrüsteten Interjektionen. Als stehende Bezeichnungen für Spinoza dienen ihm philosophaster und sophista, in buntem Wechsel mit allen möglichen schönen Beigaben: petulans (S. 566), caecus (S. 572), impius (S. 573), stultulus ineptusque (S. 591), demens (S. 585) usf. Gelegentlich spricht er von dem sordidus abiectusque animus Spinozii (S. 569), dem caecum et temulentum Spinozii ingenium (S. 568) u. ä. Auf das Einzelne näher einzugehen, können wir uns ersparen; die Schrift ist ein typisches Denkmal für den damaligen Kampf gegen Geister, in denen sich der Flügelschlag einer neuen Zeit stärker regt. Ein Beispiel mag genügen. Über Spinozas These, die Schrift nur aus der Schrift selbst zu erklären, quittiert er mit dem Ausruf: „O quam ovanter scripturarum humeris insultaret hic cachinnabundus Lemur!“ (S. 576). Seine Forderung gilt ihm als „excors ac vesana“ (ebenda); sein ganzes Ziel geht nach ihm dahin, „sacras scripturas omnium contemptui ac derisioni expositum iri, concedique sibi falsis passim scatere sententiis et a vera philosophia alienis, prout vult intoleranda huius iactabundi philosophastri impietas“ (S. 577). More selbst ist sich der Schärfe seiner Polemik voll bewußt; gegen Ende dieser Ausführungen bringt er eine Art Entschuldigung vor, die noch einmal seine Stimmung gegen Spinoza zum charakteristischen Ausdruck bringt. Er bittet den Freund, an den die Schrift gerichtet ist, „ut id (sc. diese Schärfe) nulli maledicendi libidini imputes sed iusto zelo et indignationi qua ferebar in tam indignum Mosis caeterorumque prophetarum omnisque verae religionis derisorem, donandumque memineris aliquid impatientiae meae (quippe qui mihi visus sum toto tempore quo putidas huius impuri philosophastri rationes excutiebam, nasum imminentem habuisse foetenti fumantique sterquilinio) et dolori scias mihi revera esse et aegritudini, quod huiusmodi animalia spurca ... atque probra (quorum, proh pudor! nimis foecundum est hoc nostrum saeculum) nomen usurpent sanctissimum et philosophos se appellent aut ab aliis appellentur, cum revera nihil aliud sint quam communes humani generis quasi lenones impurissimique corruptores“ (S. 595).

In dem zweiten Aufsatz wendet sich More gegen Spinozas Ethik. Daß er ebenso wie der holländische Denker den Raum als Attribut der Gottheit annimmt, hindert ihn nicht, ihn auch hier aufs schärfste zu bekämpfen. Als das πρῶτον ψεῦδος seiner Philosophie erscheint ihm, „quod unicam supponit in universo substantiam eandemque, quod necesse est, esse materiam“ (S. 635). Als die Grundstützen dieser These betrachtet er Eth. I Prop. 7 und Prop. 14, die er daher ausführlich bekämpft (S. 615 ff. und 619 ff.). Denn der tiefere Sinn dieser Propositionen läuft nach seiner Meinung letztlich auf den Satz hinaus: „Praeter materiam dari neque concipi potest substantia“ (S. 626). Außer dieser „Atheismi Spinoziani columnarum subversio“ enthält die Schrift noch einen Exkurs über die „causae finales“ (S. 622 ff.) und die „Spinoziana descriptio mentis status post mortem“ (S. 631 ff.), welche ihm „perplexa, falsa ac frivola“ erscheint.

More scheint für längere Zeit der einzige Engländer gewesen zu sein, der die Ethik einer eingehenden Betrachtung würdigt; das Interesse bleibt zunächst noch dem Traktat zugewandt. Im Jahre 1682 wendet sich ein gewisser William Lorimer gegen die Pentateuchkritik Spinozas. Der Gesamttitel der nur in Verbindung mit einer anderen Abhandlung erschienenen Schrift lautet nach dem Katalog des britischen Museums: „Dubois de la Cour, An excellent discourse proving the divine original and authority of the five Books of Moses. Written originally in French . . . To which is added a second part, or an examination of . . . part of Père Simon's critical history of the Old Testament, wherein all his objections, with the weightiest of Spinosa's, against Moses's being the author of the first Five Books of the Bible are answered, . . . by W[illiam]. L[orimer].“ Den zweiten Teil habe ich leider nicht einsehen können; die erste Abhandlung, zuerst 1673 in Amsterdam erschienen, hat mit Spinoza nichts zu tun. Im Jahre 1683 wagt sich dann eine Übersetzung des Kapitels über die Wunder ans Licht unter dem Titel „Miracles, no violation of the Laws of Nature“. Sie erscheint anonym, ohne Angabe der Quelle. Sofort steht ein Gegner auf dem Plan, um in seiner Antwort „Miracles, works above and contrary to Nature“ die eben erschienene Schrift als „translation out of Spinoza's Tractatus Theologico-Politicus“ festzunageln.[1]) Im Jahre 1689 macht eine englische Übersetzung, not very elegantly written, and not disclosing either the translator's or the author's name (Pollock S. 357), den des Lateinischen unkundigen Lesern den ganzen Traktat zugänglich; sie trägt den Titel „A Treatise partly

[1]) Beide Schriften sind angeführt im Katalog des britischen Museums unter: Miracles.

Theological and partly Political."[1]) Offenbar ist diese Übersetzung nicht die einzige geblieben; ein Kritiker aus dem Jahre 1697 weiß zu berichten, daß der Traktat „some impressions in our own language" erlebt hat.[2]) Diese Rührigkeit der Übersetzer scheint Spinoza in England einigermaßen bekannt gemacht zu haben; jedenfalls lenkt er jetzt in erhöhtem Maße die Aufmerksamkeit kampfbereiter Apologeten auf sich. Im Jahre 1694 veröffentlichte der Bischof Richard Kidder eine umfangreiche Schrift „A Commentary on the five books of Moses", die in der einleitenden dissertation concerning the author or writer of the Pentateuch die traditionelle Anschauung gegen Hobbes, La Peyrère und einige spinozistische Ketzereien durch nicht gerade beweiskräftige Argumente zu verteidigen sucht. Neben Kidder steht eine Anzahl anderer Theologen. „Bishop Boyl (sic!) in his little Body of Divinity" — so erfahren wir aus Earbery — „and almost all our moderns, who have wrote in vindication of the Scriptures, have taken notice of divers of its dangerous positions." Ins Jahr 1697 endlich fällt, wie schon erwähnt, die Schrift von M. Earbery, „a collective answer to the whole book". Es ist ein herzlich langweiliges und unbedeutendes Buch, dessen Argumente sich durchweg in den ausgefahrenen Geleisen landläufiger Apologetik bewegen. Um so stärker ist das Hochgefühl, das den Verfasser beseelt. Nur widerwillig erkennt er das gediegene Wissen Spinozas an — „Nor am I ignorant, that the author of this book was very well versed (pardon so favourable an expression) in the writings of Moses and the Prophets" —, um ihm dann aber sofort den Todesstoß zu versetzen: „I thought it would be at least some punishment, as it were, to the very shades and Manes of this author to shew the world that he, who so long has found a place in the libraries and hands of very learned men, does scarce for his stupidity, and trifling way of arguing, merit to obtain a place amongst the lowest forms of inferiour animals". Die Stelle ist bezeichnend für den Geist, der aus dem ganzen Buche spricht; das laute Wort muß, wie so häufig, das Gewicht der Gründe ersetzen.

Der beabsichtigte Todesstoß muß nicht gerade sehr wirkungskräftig gewesen sein; wir werden sehen, daß man es gerade jetzt immer wieder der Mühe für wert hält, Spinoza mit dem Feuer der Kritik in Berührung zu bringen. Die Ethik tritt in den Vordergrund der Polemik. Das bedeutet aber nicht, daß Spinoza in dem Geistesleben Englands ein Ferment zu werden droht, das es nun mit aller Kraft zu unterdrücken

[1]) Katalog des brit. Museums unter: Treatise.

[2]) Matthias Earbery, Deism examin'd and confuted. In an answer to a book intitled, Tractatus Theologico-Politicus, London 1697. Die Belegstellen aus Earbery sind sämtlich der unpaginierten Vorrede entnommen.

gilt. Für die Stimmung der englischen Gelehrten jener Zeit Spinoza gegenüber ist nichts bezeichnender als die Tatsache, daß der geistige Führer der Zeit Spinoza schlechtweg ignorieren kann, und wie es scheint einfach deshalb, weil er ihn überhaupt nicht oder doch nur oberflächlich gelesen hat. Jedenfalls verraten die paar Stellen, die sich in Lockes Werken über Spinoza finden, keine tiefere Kenntnis des holländischen Denkers.[1]) Es sind, wenn ich recht sehe, überhaupt nur zwei: Einmal erklärt Locke von einer Hypothese, die „alles, sogar das Denken und das Wollen der Menschen, in eine unwiderstehliche fatalistische Notwendigkeit" auflöst, daß sie zur Religion von Hobbes und Spinoza führe (Works, London 1812, Bd. X, S. 255 f.). Und als er mit Stillingfleet, dem Bischof von Worcester, über die Frage nach dem Weiterleben von Seele und Körper nach dem Tode herumstreitet, gesteht er selbst seine geringe Vertrautheit mit Spinoza ein: „I am not so well read in Hobbes or Spinosa, as to be able to say what were their opinions in this matter" (IV, S. 477). Und an der gleichen Stelle fällt er das einzige Urteil über Spinoza, das sich in seinen Schriften findet: Hobbes und Spinoza sind ihm „die mit Recht verrufenen Namen" (those justly decried names). Damit ist erschöpft, was Locke über Spinoza zu sagen weiß.[2])

Mit einem Wort wenigstens wollen wir die Frage nach der Stellung seines großen Schülers Shaftesbury zu Spinoza berühren.

[1]) Daß trotzdem ängstliche Seelen bei Locke Spinozismus wittern, zeigt das Buch von William Carroll: „A dissertation upon the tenth chapter of the fourth book of Mr. Locke's Essay concerning Humane Understanding; wherein that author's endeavours to establish Spinoza's atheistical hypothesis . . . are . . . confuted." London 1706 (s. Kat. d. brit. Museums). — Einen wertvollen Beitrag zu unserer Frage liefert E. E. Worcester, The religious opinions of John Locke, Leipziger Dissertation 1889, S. 92 ff. Es handelt sich hier im wesentlichen um die auffällige Tatsache, daß Locke mehrfach von einer Ethik nach mathematischen Prinzipien redet, sie offenbar als eigene Idee vertretend, ohne auch nur mit einem Wort anzudeuten, daß ein solches Werk schon vorlag. Worcester kommt zu dem Ergebnis, „that, if Locke was aware of the existence of Spinoza's chief work, there is good reason to suppose that he knew nothing of its contents" (S. 94).

[2]) Daneben finden sich in Lockes Werken verschiedene Stellen über Spinoza, die nicht von ihm herrühren. Eine von ihnen wirft ein bezeichnendes Licht auf die Art, wie man den theologisch-politischen Traktat in England verstanden hat. Der eben genannte Stillingfleet führt im Kampf gegen Locke dessen Gedanken auf die Konsequenz hinaus: „all revelation may be nothing but the effects of an exalted fancy, or the heats of a disordered imagination, as Spinosa affirmed" (IV, S. 293 f.). Die übrigen Stellen betreffen Philipp van Limborchs Händel mit den Burmanni und finden sich in den Briefen Limborchs an Locke (s. die Briefe vom 12. Sept. 1698, 11. Mai 1700 und 20. Juli 1700. Bd. X, S. 80, 99, 100).

Von englischer Seite[1]) ist neuerdings darauf hingewiesen worden, daß wesentliche Gedanken der Untersuchung über die Tugend (1699) mit Ideen Spinozas übereinstimmen; und man hat hieraus und aus der Tatsache, daß Shaftesbury diese Schrift in einem Alter von 18 oder 19 Jahren verfaßt hat, den Schluß gezogen, daß Spinoza einen nicht unbedeutenden Einfluß auf die Gedankenwelt Shaftesburys geübt hat. Indessen werden wir Bedenken tragen, dieser Annahme beizupflichten; schon Frischeisen-Köhler[2]) hat die Übereinstimmung im Denken beider ins rechte Licht gerückt, indem er erklärt: „Alles, was der englische Denker mit Spinoza gemeinsam hat, teilt er in Wahrheit mit der stoischen Tradition, die beide bedingte.“ Gleichwohl hält auch er für ausgemacht, daß der Freund Bayles mit der Lehre Spinozas vertraut gewesen ist. Dürfte dem auch kaum widersprochen werden, so würde die Sachlage doch bedeutend durchsichtiger sein, könnten wir mit historischen Zeugnissen aufwarten. Leider läßt uns dieser Weg bei Shaftesbury völlig im Stich. Weder in seinen Werken noch in seinen Briefen wird, soweit ich sehe, der Name Spinozas erwähnt; und wie sollen wir es deuten, daß sich in dem uns erhaltenen Verzeichnis seiner Bibliothek auch nicht ein Werk Spinozas findet?[3])

Für das beginnende 18. Jahrhundert ist zunächst eine kurze Lexikonnotiz über Spinoza zu vermerken, die wir Pollock entnehmen. Auf S. 360 heißt es bei ihm: „The popular judgment of the religious world on him is given with amusing crudeness in a little dictionary of religions and sects, for the most part written with fairness and moderation, which was published about the beginning of this century and went through many editions. In this book we read under the head of Atheism, that „Spinoza, a foreigner, was its noted defender.“ Nicht viel anders urteilt der seinerzeit angesehenste presbyterianische Geistliche John Howe, der ein Kapitel seines Hauptwerkes „The living Temple“ der Bekämpfung des spinozistischen Systems widmet (Part II, Cap. I; 1702). Er behandelt den Philosophen mit aller Erhabenheit, ganz von oben herab. So macht er sich denn auch die Arbeit nicht gerade schwer. Ist er doch der Meinung, „the mere pointing with the finger at the most discernible and absurd weakness of some of his principal supports might be sufficient to overturn his whole fabric“.[4]) Dementsprechend beschränkt er sich lediglich auf die ersten

[1]) J. M. Robertson, in seiner Ausgabe der Characteristics, London 1900, Bd. I, S. XXXI ff. Ihm schließt sich an J. J. Martin, Shaftesburys und Hutchesons Verhältnis zu Hume. Diss. Halle 1905, S. 83 ff.

[2]) In der Einleitung zu seiner Übersetzung: Ein Brief über den Enthusiasmus. Die Moralisten. Philosophische Bibliothek, Bd. 111, Leipzig 1909, S. XIV Anm.

[3]) Nach einer Mitteilung von Herrn Dr. P. Ziertmann-Berlin-Steglitz.

[4]) Works, ed. Edmund Calamy, New York 1835, Bd. I, S. 57.

Seiten der Ethik. Er nimmt die ersten Sätze vor, sucht sie kritisch zu zerpflücken, spielt sie gegeneinander aus, wirft Spinoza Inkonsequenz vor, ohne doch ein tieferes Verständnis seiner Lehre zu verraten. Sein Urteil über Spinoza gibt die Meinung wieder, der wir nun schon wiederholt begegnet sind: Sein System ist im Grunde verkappter Atheismus, den er durch geschickte religiöse Verbrämung zu verhüllen sucht. „This horrid scheme of his, though he and his followers would cheat the world with names, and with a specious show of piety, is as directly levelled against all religion, as any the most avowed atheism" (S. 59). Etwas milder denkt er über die Cogitata Metaphysica, die er ebenso wie die Prinzipien der cartesianischen Philosophie gelesen hat (S. 64).

Zu den Wenigen, die Spinoza gründlich studiert haben, und den ganz Wenigen, die seine Gedanken bis zu einem gewissen Grade auf sich haben einwirken lassen, gehört der bekannte Vertreter des englischen Deismus John Toland. Er kennt die Ethik (s. seine Letters to Serena, London 1704) und weiß genau Bescheid in den Briefen (ebenda S. 145 ff.). Höchstwahrscheinlich hat er auch die Prinzipien der cartesianischen Philosophie (ebenda S. 145 u. 153) und sicher den theologisch-politischen Traktat gelesen (ebenda S. 145 u. Miscellaneous Works, 1747, Bd. II, S. 392). Dieses eingehende Studium seiner Werke, vertieft durch die Lektüre der Spinozabiographie des Colerus (Tetradymus, 1720, S. 186), hat ihn mit ehrlicher Sympathie für den verachteten Denker erfüllt, der er in den Letters to Serena (S. 132 ff.) offnen Ausdruck gibt. Und was er sagt, hält er auch späterhin aufrecht; ausdrücklich nennt er Spinoza „a great and a good man in many respects, as may not onely be seen by his works, but also by the account of his life since that time publish'd by Colerus, a Lutheran minister, tho as contrary to some of his sentiments as any man breathing" (Tetradymus, S. 186). Doch ist sein Lob nicht frei von Kritik. Das gilt namentlich für Spinozas Philosophie. „The whole system of Spinosa," so urteilt er merkwürdig hart, „is not only false, but precarious and without any sort of foundation" (Letters, S. 135), ja wie er weiterhin hinzufügt (S. 147) und später (Tetradymus, S. 135) ausdrücklich wiederholt: „indigested and unphilosophical." Spinoza zu widerlegen, oder wie wir richtiger sagen können, ihn zu ergänzen, ist der Zweck des 4. und 5. seiner Briefe in den Letters to Serena.[1]) Er teilt im wesentlichen die Anschauungen des holländischen Denkers; was ihm aber als Grundfehler

[1]) Der 4. und 5. Brief dieser Sammlung sind nicht an Serena – nach Tolands Adeisidaemon (1709, S. 13) verbirgt sich hinter diesem Pseudonym die Königin Sophie Charlotte, die Gemahlin Friedrichs I. von Preußen, – gerichtet, sondern an einen Anhänger Spinozas in Holland.

des ganzen Systems erscheint, ist die Tatsache, daß es die Bewegung nicht zu erklären vermag: „having given (sc. Spinosa) no account how matter came to be mov'd or motion comes to be continu'd, not allowing God as first mover, neither proving nor supposing motion to be an attribute (but the contrary) nor indeed explaining what motion is" (S. 147). Toland sucht nun seinerseits diesen Mangel auszugleichen, indem er den Satz aufstellt, daß die Bewegung zu den Wesensbestimmtheiten der Materie gehöre ebenso wie Undurchdringlichkeit und Ausdehnung (S. 159). Die Idee der moving force (S. 160) ist ihm der lösende Gedanke. Ihn weiter auszuführen, schreibt er Letter 5 mit dem Inhalt: Motion essential to Matter. Wie sehr Spinoza auf sein Denken eingewirkt hat, kommt auch in den späteren theologisch-philosophischen Werken Tolands zum Ausdruck. In seinen als Anhang zum Adeisidaemon erschienenen Origines Iudaicae (1709) macht er sich (im Anschluß an eine Stelle aus dem Geographen Strabo) den Satz zu eigen, „Mosem fuisse Pantheistam, sive, ut cum recentioribus loquar, Spinosistam (S. 117); und die philosophische Religion seines „Pantheistikon" läßt trotz ihres stark materialistisch angehauchten Pantheismus unschwer erkennen, daß hier neben Giordano Bruno vor allem Spinoza Pate gestanden hat.[1])

Mit seiner Hinneigung zum Spinozismus scheint Toland so ziemlich allein zu stehen; die landläufige Überzeugung sieht in dem holländischen Denker nach wie vor den großen verdammenswerten Atheisten. In dem gleichen Jahre, in dem die Letters to Serena an die Öffentlichkeit kommen, ersteht Spinoza ein neuer Gegner in dem berühmten Samuel Clarke.[2]) Zum Prediger für die Boyle-Lektures (s. oben S. 66) erwählt, sucht er das Dasein und die Eigenschaften Gottes zu erweisen „gegen Hobbes, Spinoza und ihre Anhänger". Der Niederschlag dieser wissenschaftlichen Kanzelvorträge liegt uns vor in der im Jahre 1705

[1]) Außerdem ist noch eine Stelle aus Tolands Briefwechsel zu vermerken. In einem Brief an Leibniz vom 14. Febr. 1710 erklärt er: „In der Respublica Mosaica — die übrigens trotz mehrfacher Ankündigung niemals zur Ausführung gelangt ist — will ich unwiderleglich erweisen, daß manche Dinge, sowohl Riten als auch Vorschriften in dem Auszug (abridgement), den wir Pentateuch nennen, are long posterior to Moses; and this will I do after quite another manner, than Spinosa cou'd, or Le Clerc wou'd have done" (Misc. Works II, S. 392). S. auch Misc. Works II, S. 449 ff. Von allen Urteilen über Spinoza frei sind folgende Werke Tolands: Christianity not mysterious 1696; An Apology for Mr. Toland 1697; Amyntor or a Defence of Milton's life 1699; Vindicius Liberius 1702; Nazarenus 1718.

[2]) Vgl. R. Zimmermann, Samuel Clarkes Leben und Lehre, in den „Denkschriften der Kaiserlichen Akademie der Wissenschaften", Philosophisch-Historische Klasse, Bd. 19, Wien 1870.

veröffentlichten Schrift: „A demonstration of the being and attributes of God; more particularly in answer to Mr. Hobbs, Spinoza, and their followers; wherein the notion of liberty is stated, and the possibility and certainty of it proved, in opposition to necessity and fate: being the substance of eight sermons preach'd in . . 1704 at the lecture founded by R. Boyle." Es handelt sich bei Clarke nicht um eine prinzipielle Auseinandersetzung mit dem spinozistischen System; von einer mißglückten Kritik des Substanzbegriffs abgesehen, sind es im wesentlichen nur zwei Punkte, gegen die sich seine Polemik richtet. Einmal die monistische Grundlehre Spinozas, die, ihrer beabsichtigten Zweideutigkeit und Dunkelheit entkleidet, nach seiner Meinung auf den Satz hinausläuft, „that the material world, and every part of it, with the order and manner of being of each part, is the only self-existent, or necessarily-existing being" (Prop. III). Dann Spinozas strenger Determinismus. Postuliert Clarke im traditionell-christlichen Sinn eine frei handelnde Gottheit, so ist ihm das Gegenteil dieser Lehre „the foundation and the sum of what Spinoza and his followers have asserted concerning the nature of God". Notwendig wirken heißt aber für ihn überhaupt nicht wirken, sondern gewirkt werden; was also Spinoza über das Hervorgehen aller Dinge aus der Notwendigkeit der göttlichen Natur sagt, ist „mere jargon and words, without any meaning at all". Spinozas Anschauung über die Notwendigkeit aller Dinge ist ihm „palpably absurd and false"; mit jenem eine unendliche Folge abhängiger Wesen annehmen ohne eine erste, freiwirkende Ursache, erscheint ihm völlig ungereimt; und Spinozas Bestreitung der causae finales tut er mit der Bemerkung ab, daß es sich darüber nicht weiter zu disputieren verlohne (Prop. IX). Clarkes Kampfesweise bewegt sich nicht immer in würdigen Formen; Ausdrücke wie absurdity, vanity, folly, u. a. bestätigen es. Aber wider Willen erkennt er in seiner Weise die Größe und Bedeutung seines Gegners an, indem er ihm das Prädikat ausstellt: „the most celebrated patron of atheism in our time."[1])

[1]) Clarkes schnell berühmt gewordenem Buch hat es nicht an Widerspruch gefehlt. Noch im Jahre 1705 erscheint eine Gegenschrift, auf die Clarke in der Vorrede zu seinen in diesem Jahr gehaltenen Predigten (A discourse concerning the unchangeable obligations of natural religion and the truth and certainty of the christian religion) näher eingeht. Hiernach scheint es, als wollte der anonyme Verfasser Spinoza gegen die materialistische Ausdeutung seiner Lehren von seiten Clarkes in Schutz nehmen; doch läßt sich aus den kurzen Bemerkungen ein einheitlicher Gesichtspunkt für die Beurteilung der Schrift nicht gewinnen. Auch der Titel läßt keinen sicheren Schluß zu; er lautet (nach dem Katalog d. brit. Museums): „Remarks upon Mr. Clarke's sermons preached at St. Pauls against Hobbs, Spinoza and other Atheists. Wherein tis demonstrated 1. That Mr. C. by the sceptical hypothesis he imploys . . . cuts

Im Jahre 1706 erscheint „The life of Benedict de Spinosa. Written by John Colerus, Minister of the Lutheran Church, at the Hague. Done out of French" (Abgedruckt bei Pollock S. 387–418). Von irgend einem Einfluß der Biographie auf die allgemeine Stimmung in England ist kaum etwas zu merken; des günstigen Eindrucks, den sie auf Toland gemacht hat, haben wir schon oben gedacht. Das landläufige Urteil hören wir dann wieder bei dem bekannten Jonathan Swift, der in einer beiläufigen Bemerkung seiner „Remarks upon a book intituled ‚The Rights of the Christian Church'" (1708) Spinoza zu „the former enemies to Christianity" zählt.[1])

Dagegen bringt uns das Jahr 1709 eine völlig unerwartete Kunde. Da schreibt ein Herr H. W. Ludolph aus London an seinen Bruder: „Le Spinozisme s'est répandu extrèmement ici aussi bien qu'en Hollande."[2]) Wie haben wir über diese merkwürdige Nachricht zu urteilen? Soviel ist sicher, daß sie viel zu allgemein gehalten ist, als daß wir in ihr wertvolle Kunde erblicken könnten. Was wir sagen können, ist dies: Wirkliche Anhänger Spinozas im England dieser Zeit können wir, wenigstens bei dem heutigen Stand unseres Wissens, nicht namhaft machen; nur Toland kann mit einigem Rechte genannt werden. Es ist aber auch durchaus unsicher, was wir unter dem Ausdruck Spinozisme zu verstehen haben. Schon John Howe und Clarke haben von Anhängern (followers) Spinozas gesprochen; ihnen aber ist Spinozismus nur ein anderes Wort für Atheismus. Man wird auch auf Bayle hinweisen dürfen, der in seinem Dictionaire (1702) in ähnlichem Sinne berichtet: à vue de païs (aufs Geratewohl) on apelle Spinozistes tous ceux qui n'ont guere de Religion, et qui ne s'en cachent pas beaucoup (S. 2782). Ob Herr Ludolph den Spinozismus auch so verstanden hat? Wir wissen es nicht und sind daher außerstande, eine positive Entscheidung zu fällen.

Im Jahre 1712 macht sich der Leibarzt der Königin, Sir Richard Blackmore, einen Namen durch sein philosophisches Gedicht „Creation",[3]) in welchem auch der „Atheist" Spinoza sein Sprüchlein erhalten hat.

---

of all . . . means of knowing the nature and proving the existence of . . . God, against Hobbs, Spinoza, etc. II. That . . . he reduces humane understanding to the most incurable state of scepticism . . . III . . . that those sermons do rather establish than destroy . . . Spinoza's hypothesis." Die Schrift selbst ist mir nicht zu Gesicht gekommen.

[1]) The prose works, ed. T. Scott, London 1897–1908, Bd. III, S. 87.

[2]) Abgedr. bei A. Tholuck, Vorgeschichte des Rationalismus, 1862, Bd. II, S. 31.

[3]) Eine deutsche Übersetzung von J. F. von Palthen erschien 1764 in Bützow und Wismar.

Die Stelle über den „obscure, perplexed, unintelligible author" ist interessant genug, um hier vollständig wiedergegeben zu werden.

Spinosa next, to hide his black design,
And to his side th' unwary to incline,
For heaven his ensigns treacherous displays,
Declares for God, while he that God betrays;
For whom he's pleas'd such evidence to bring,
As saves the name, while it subverts the thing.

Now hear his labour'd scheme of impious use:
No substance can another e'er produce;
Substance no limit, no confinement knows,
And its existence from its nature flows;
The substance of the Universe is one,
Which is the self-existent God alone.

The spheres of aether, which the world inclose,
And all th'apartments, which the whole compose;
The lucid orbs, the earth, the air, the main,
With every different being they contain;
Are one prodigious aggregated God,
Of whom each sand is part, each stone and clod;
Supreme perfections in each insect shine,
Each shrub is sacred, and each weed divine.

Sages, no longer Aegypt's sons despise,
For their cheap Gods, and savoury Deities!
No more their coarse Divinities revile!
To leeks, to onions, to the crocodile,
You might your humble adorations pay,
Were you not Gods yourselves, as well as they.

As much you pull Religion's altars down,
By owning all things God, as owning none:
For should all beings be alike divine,
Of worship if an object you assign,
God to himself must veneration shew,
Must be the idol and the votary too;
And their assertions are alike absurd,
Who own no God, or none to be ador'd.

War die Polemik der letzten Jahre durchweg an der Ethik orientiert, so wendet man sich jetzt wieder zeitweise dem theologisch-politischen Traktat zu. Im Jahre 1718 schreibt ein gewisser James Paterson gegen Toland einen „Antinazarenus or a treatise proving original and authority of the Holy Scriptures", ein Buch, das mit seiner zum Teil recht fadenscheinigen Beweisführung die ganze Welt in die Schranken fordert, die Atheisten, Juden, Heiden und Mohammedaner, und natürlich auch Spinoza nicht vergißt. Wie tief der Verfasser den theologisch-politischen Traktat erfaßt hat, kommt gleich in der Vorrede zum Ausdruck: „Spinosa will have all prophecy to be the foolish imagination of delirious men.“ Natürlich lehnt er Spinozas Pentateuchkritik mit voller Entschiedenheit ab; mit Emphase ruft er aus: „And so Spinoza's principles must fall to the ground, as Dagon before the arc of the Lord; because they are both groundless and damnable“ (S. 23). Im Jahre 1720 erscheint „An account of the life and writings of Spinosa. To which is added an abstract of his Theological Political Treatise etc.“[1]) Die Lebensbeschreibung ist nach Pollock (S. 383) a servile abridgment der 1706 erschienenen Übersetzung von Colerus. 1722 wird Spinoza noch einmal in einigen Boyle-Predigten bekämpft von Brampton Gurdon, dem Hofprediger des damaligen Großkanzlers. Sie werden 1723 veröffentlicht unter dem Titel: „The pretended difficulties in natural or reveal'd religion no excuse for infidelity.“[2]) Spinoza ist, so hören wir hier, „the only person among the modern Atheists, that has pretended to give us a regular scheme of Atheism; and therefore I cannot act unfairly in making him the representative of their party“ (S. 299). Eine eigenartige Stellung nimmt in unserm Zusammenhang ein Buch ein, welches der Hilfsprediger Alexander Innes im Jahre 1728 veröffentlicht: „Αρετη — λογια or an enquiry into the original of moral virtue; wherein the false notions of Machiavel, Hobbes, Spinoza, and Mr. Bayle, as they are collected and digested by the author of *The fable of the bees* are examin'd and confuted; and the eternal and unalterable nature and obligation of moral virtue is stated and vindicated“. In dieser Schrift ist — und hierin liegt das Bemerkenswerte — von Spinoza überhaupt nicht die Rede, ebensowenig wie von Hobbes und Bayle. Offenbar brauchte also nur einer, wie Mandeville in seiner „Bienenfabel“, gegen die Moral Sturm zu laufen und siehe da: er wird sofort als Anhänger Spinozas verschrien in der offenkundigen Absicht, ihn hierdurch bloßzustellen und unmöglich zu machen. Daß wir mit unserer Deutung nicht irregehen, bestätigt uns Innes selbst, der in einem der Abhandlung vorgedruckten Brief an Mandeville Spinoza im Bunde mit Machiavelli, Hobbes und Bayle als „champions for immorality and infidelity“ brandmarkt (S. XXII).

Daß man aber Spinoza immer noch der Lektüre für wert hält, zeigt das Beispiel George Berkeleys. Er hat sein Exemplar der „Opera Posthuma“ offenbar wirklich studiert. Er kennt die Ethik (Works, ed. A. C. Fraser, 1871, Bd. IV, S. 462); er zeigt sich in den

[1]) s. Katalog d. brit. Museums unter: Spinoza.

[2]) Aufgenommen in das Sammelwerk „A defence of natural and revealed religion“, Bd. III, London 1749, S. 277—399.

Briefen belesen (II, S. 285; IV, S. 462 u. 464); auch der Tractatus politicus ist ihm nicht fremd (II, S. 334). In seinem Urteil über Spinoza unterscheidet er sich aber in nichts von seinen Landsleuten. Er ereifert sich über die wilden Hirngespinste (wild imaginations) der Vanini, Hobbes und Spinoza, „the whole system of Atheism" (I, S. 305); der holländische Denker ist ihm der „celebrated infidel" (II, S. 285), „the great leader of our modern infidels" (II, S. 333) und seine Philosophie „a declared enemy of religion" (IV, S. 461 f.; s. auch II, S. 503 u. 161). Bemerkenswert ist auch das Urteil Berkeleys über die formale Seite des spinozistischen Denkens (Alciphron, Seventh Dialogue; II, S. 334):

I have heard, said I, Spinosa represented as a man of close argument and demonstration.

He did, replied Crito, demonstrate; but it was after such a manner as any one may demonstrate anything. Allow a man the privilege to make his own definitions of common words, and it will be no hard matter for him to infer conclusions which in one sense shall be true and in another false, at once seeming paradoxes and manifest truisms. For example, let but Spinosa define natural right to be natural power, and he will easily demonstrate that „whatever a man can do" he hath a right to do. Nothing can be plainer than the folly of this proceeding: but our pretenders to the *lumen siccum* are so passionately prejudiced against religion, as to swallow the grossest nonsense and sophistry of weak and wicked writers for demonstration.

Im Jahre 1737 erscheint der theologisch-politische Traktat noch einmal in englischer Übersetzung unter dem Titel: „Treatise partly Theological and partly Political, containing Discourses to prove the Liberty of Philosophizing, that is, making Use of Natural Reason, translated from the Latin."[1]) Daß diese Ausgabe einem wirklichen Bedürfnis entsprochen hätte und studiert worden wäre, dürfte sich kaum nachweisen lassen.

Was Henry Bolingbroke über Spinoza zu sagen weiß, übersteigt — wie es seiner Art entspricht — nicht die Grenzen der Oberflächlichkeit. Mit Spinoza und Calvin die Notwendigkeit all unserer Handlungen anzuerkennen, erscheint ihm verrückt, erklärt er einmal (Works, London 1809, Bd. VIII, S. 280). Im übrigen weiß er von Spinoza nur die „absurde" (V, S. 311) Tatsache, daß er bloß eine Substanz anerkannte und zwar die Materie. Dieser Gedanke kehrt in mannigfachen Variationen an verschiedenen Stellen seiner Werke wieder (V, S. 377; VI, S. 84; VII, S. 321; VIII, S. 330). Spinoza leugnet jeden Schöpfer und Herrscher des Universums (VIII, S. 330); er ist daher impious und sein System very absurd (VIII, S. 328 – 29). Man wird an der Hand

[1]) van der Linde a. a. O., Nr. 14.

dieser Stellen füglich bezweifeln dürfen, ob Bolingbroke sein Wissen über Spinoza wirklich dem Studium seiner Werke oder nicht vielmehr gelegentlichen Lesefrüchten verdankt. Ob über David Hume mehr gesagt werden kann, ist zweifelhaft. Er geht nur an einer Stelle seines Treatise on Human Nature (1739) auf Spinoza ein. „Ich behaupte", heißt es dort, „daß die Lehre von der Unkörperlichkeit, Einfachheit und Unteilbarkeit der denkenden Substanz richtiger Atheismus ist und dazu dienen kann, alle die Gedanken zu rechtfertigen, die Spinoza so allgemein in Verruf gebracht haben."[1]) In einigen Zeilen legt er dann die grundlegenden Prinzipien, diese abscheuliche Hypothese (hideous hypothesis) des „famous atheist" dar, „without entering farther into these gloomy and obscure regions." Bedenkt man nun, daß Hume die Eigenart des spinozistischen Identitätssystems nicht verstanden hat[2]), und nimmt man die in seinem Munde geradezu befremdlichen Urteile über den Charakter der spinozistischen Philosophie hinzu, so dürfte die Annahme nicht ungerechtfertigt erscheinen, daß Hume wohl kaum die Ethik Spinozas zur Hand genommen hat. Grose wird Recht haben, wenn er erklärt: „His knowledge of Spinoza was derived from Bayle's dictionary" (III, S. 40).

Hat es zuletzt schon fast so scheinen können, als sollte die Beschäftigung und Auseinandersetzung mit Spinoza gänzlich im Sande verlaufen, so wird gegen Ende unseres Zeitraums noch einmal ein umfassender Angriff gegen die Ethik gerichtet. Im Jahre 1748 erscheinen posthum die „Philosophical principles of natural and revealed religion" von Andreas Michael Ramsay (1681–1743)[3]), die sich in ihrem ersten Teil eingehend mit Spinoza auseinandersetzen. Nachdem der Verfasser schon bei der Entwicklung seiner eigenen Anschauungen, die er in offensichtlicher Anlehnung an Spinoza in geometrischer Ordnung, mit dem ganzen Gerüst von Definitionen, Axiomen, Propositionen, Demonstrationen, Corollarien usf. vorträgt, an verschiedenen Stellen Gelegenheit genommen hatte, sich gegen „Spinosa's wild chimeras and horrible blasphemies" (S. 80), „this abyss of impiety" (S. 147), zu wenden und besonders seinen strengen Determinismus zu bekämpfen, läßt er am Schluß „a refutation of the first book of Spinosa's Ethics" folgen, „by which the whole structure is undermined" (S. 497–541). Satz für Satz geht er die Definitionen, Axiome und die ersten 14 Propositionen von

[1]) Philosophical works, ed. Green and Grose, London 1874–75, Bd. I, S. 524. Deutsche Ausgabe von Th. Lipps, 1895, S. 313.

[2]) s. A. Thomsen: David Hume, sein Leben und seine Philosophie, Bd. I, 1912, S. 474 f.

[3]) Über Ramsay orientiert A. F. Büsching: Beyträge zu der Lebensgeschichte denkwürdiger Personen, insonderheit gelehrter Männer, Halle 1783–89, Teil II und III.

Eth. I kritisch durch und kommt zu dem Resultat, daß sie sämtlich „equivocal, sophistical or false" sind und daß demgemäß „all the system founded on these must fall to the ground" (S. 525). Er ist der Überzeugung, daß die Prinzipien „of this monstrous chimera" (S. 537) „lead visibly to atheism and immorality" (S. 539); gleichwohl will er aber Spinoza, da er die Existenz eines „absolutely infinite, eternal, self-existent being" anerkennt, nicht geradezu des Atheismus zeihen, ebensowenig wie man „Cabbalism, Cartesianism and Predestinarianism", die Quellen seines Systems, als atheistische ansprechen dürfe (S. 539 – 40). Überhaupt lehnt er es ab, mit der Philosophie zugleich den Philosophen zu verwerfen; unter dem Einfluß Bayles urteilt er: „His life and morals seem to decide in his favour, for he was a very temperate, abstemious, retir'd philosopher, without any ambition, and very disinterested: but good intentions do not justify bad principles" (S. 259).

Wir stehen hiermit am Schluß unserer Darstellung. Das englische Denken, so dürfen wir unser Ergebnis kurz zusammenfassen, ist im 17. und 18. Jahrhundert unabhängig von Spinoza seinen eigenen Weg gegangen. „Der brave Sinn der Engländer"[1]) schauderte entsetzt zurück vor der Kühnheit der religionsphilosophischen Ideen des Traktats und der Tiefe der spekulativen Philosophie in der Ethik. Das gilt in gleichem Maße für die Träger des Fortschrittes wie für die Vertreter der Tradition. Beide sind sich einig in der Ablehnung Spinozas; beide sehen in ihm den großen Atheisten, den sie als solchen, nun je nachdem, ignorieren oder grimmig bekämpfen. Man hat ihn eben, soweit man ihn überhaupt gelesen hat, einfach nicht verstanden. Erst als die deutsche Geniezeit mit den überkommenen Vorstellungen über Spinoza gründlichst aufräumte und der verachtete Philosoph nun mit einem Schlage für viele der Führer im Kampf der Weltanschauungen wurde, kam auch für England die Zeit eines vertieften und verständnisvolleren Spinozastudiums. Der Name Coleridge (1772 – 1834) bezeichnet den Wendepunkt.

---

[1]) R. Falckenberg, Geschichte der neueren Philosophie, 7. Aufl., Leipzig 1912, S. 223.

Namenregister
(einschließlich Literatur).

Druck von C. G. Röder G. m. b. H., Leipzig. 880613.